IRENE KUNZE / ERHARD ROYKE

Hundeplatz mit Spaßfaktor

104 Farbfotos
38 Zeichnungen

Ulmer

Inhalt

Einleitung

Rechte Seite: Ein aufmerksamer Hund, ein toller Sprung – Agility, wie man es sich wünscht!

Hundefans lieben ihre Vierbeiner und beschäftigen sich gern mit ihnen. Dabei gehen ihre Vorstellungen über die Art der Beschäftigung zuweilen stark auseinander. Die Einen bilden ihren Vierbeiner zu einem so genannten Gebrauchshund aus (z.B. Schutz-, Such- und Rettungshund, Therapie- und Jagdhund), der in der Lage ist, Beachtliches für den Menschen zu leisten. Andere wollen die hervorragend ausgeprägten Rassestandards ihres Lieblings prämiert wissen, und wieder andere streben nach sportlichen Bestleistungen, um einen heiß ersehnten Pokal zu erringen. Und schließlich gibt es noch diejenigen, die „Rex und Co“ einfach nur als manierliche Familienmitglieder integrieren und mit ihnen gemeinsam ihre Freizeit verbringen wollen. Genau für diese Gruppe der Hundeliebhaber entstand dieses Buch.

Hundevereine oder Interessengemeinschaften bieten nahezu allen Vertretern die gewünschten Möglichkeiten. Die Erziehung zum Grundgehorsam ist ebenso möglich wie die Ausbildung zum Schutz- und Gebrauchshund. Für die Hundesportbegeisterten wird z.B. Agility angeboten, was gerne angenommen wird und mehr oder weniger ernsthaft und intensiv betrieben wird.

Der aus England stammende Bewegungssport hat auch in Deutschland sehr viele Anhänger gefunden. Hund und Hundeführer bewältigen einen Hindernisparcours, bei dem Geschicklichkeit und Geschwindigkeit gefragt sind. Längst nicht alle Teilnehmer wollen an offiziellen Wettkämpfen teilnehmen. Viele Interessenten legen auf eine stressfreie Beschäftigung ihres Hundes wert, bei der sowohl seine körperliche Beweglichkeit als auch seine geistige Fitness gefördert werden.

Voraussetzung für die Teilnahme am Agility oder an anderen Hundesportarten ist ein solider Grundgehorsam der Hunde. Die Hunde müssen die wichtigsten Kommandos kennen, ohne Leine zuverlässig bei ihrem Hundeführer bleiben und dürfen sich nicht durch andere zwei- oder vierbeinige Teilnehmer oder sonstige Ereignisse ablenken lassen. Ein großes Maß an Aufmerksamkeit, ein gutes Sozialverhalten sowie die Befolgung von Kommandos sind gefragt, noch bevor der Agilityspaß richtig beginnen kann. Aber auch später gehören Übungen zum Grundgehorsam zum permanenten Repertoire eines jeden Trainings. Bei abwechslungsreicher Gestaltung müssen diese keinesfalls als notwendiges Übel „abgearbeitet“ werden, sondern können sowohl dem Hund als auch seinem Halter Spaß machen.

Literatur zur Hundeerziehung zum Grundgehorsam gibt es bereits. Darin werden die einzelnen Grundkommandos genannt, und es wird beschrieben, wie man sie am besten seinem Hund beibringen kann. In aller Regel machen das die meisten Hundehalter allein und im gewohnten Umfeld des Hundes, doch wie man sie in Gruppenübungen als Bestandteil von Spielen integrieren und trainieren kann, ist fast nie erwähnt.

Man kann sich auch über diverse Hundesportarten, den entsprechenden Trainingsaufbau und die Durchführung des Sports informieren und bekommt anhand der Fachliteratur sehr gute Anleitungen zur Ausführung. Meistens wird jedoch ein gewisser Grundgehorsam vorausgesetzt, bevor man starten kann. Doch was machen diejenigen Hundehalter, die in der Erziehung ihres vierbeinigen Lieblings noch ganz am Anfang stehen? Die ihren Hund noch nicht ableinen können, weil er beim geringsten Anlass davon sprinten würde oder sich mit Struppi oder Waldi „in die Wolle kriegen“ könnte? Genau für diese Gruppe sind die Übungen in diesem Buch entwickelt und beschrieben worden. Sie soll den Hundesportbegeisterten die „Durststrecke“ bis zum Agility erleichtern. Die Erziehung der Hunde und Beschäftigung mit den Hunden soll Spaß machen. Deshalb vereinen die Übungen Bestandteile aus Obedience (d.h. Gehorsam) und Agility (also Behändigkeit). Die Übungen beinhalten eine gesunde Mischung aus Agility-vorbereitenden Gehorsamsübungen, die auch Spiele und kleine Wettkämpfe mit einschließen. Es werden auch Agilitygeräte bzw. Hindernisse genutzt; manchmal allerdings in einer Verwendung, die am ursprünglichen Agilitykonzept vorbei geht.

Die Hunde werden überwiegend an der Leine geführt. Mit zunehmendem Training sind dieselben Übungen jedoch auch mit frei BEI FUSS geführten Hunden möglich. Selbst eine gemischte Gruppe, aus teilweise angeleinten Hunden bestehend, ist denkbar, ohne dass eine der beiden Teilnehmerfraktionen im Nachteil wäre. Hunde und Halter, die am Beginn ihrer Erziehung stehen, kommen ebenso auf ihre Kosten wie Fortgeschrittene.

Im Mittelpunkt dieses Buches stehen vor allem Übungen und Spiele. Zusätzlich wurden jedoch auch einige Kapitel allgemeinen Erziehungsprinzipien gewidmet, ohne dabei einen Anspruch auf Vollständigkeit zu erheben. Sie sollen Ihnen als Leser ein abgerundetes Bild über die Erziehung Ihres Hundes zum Grundgehorsam im Allgemeinen und die Anwendung dieser allgemeinen Prinzipien für den beschriebenen Hundesport geben.

Die Übungen werden an Hand einer Skizze und einer ausführlichen Beschreibung erläutert. Eine kurze Zusammenfassung dient der schnellen Übersicht, die der Trainer bzw. ein Mitglied der Gruppe direkt für seine Erläuterung für die Teilnehmer nutzen kann. Es wird außerdem dargestellt, welchem Ziel jede Übung dient, welche Kommandos geübt werden bzw. was Mensch und Hund aus der Übung mitnehmen sollen.

Das Wichtigste über Kommandos

Wir Menschen verständigen uns mit unserem Hund über die Stimme und die Körpersprache. So können wir ihm mitteilen, was wir von ihm erwarten. Umgekehrt sendet auch der Hund Signale aus. Bei richtiger Interpretation können wir verstehen, wie es ihm geht, und was er von uns möchte. Wenn die Verständigung zwischen Hundeführer und Hund gut klappt, arbeiten beide sehr gern und erfolgreich zusammen. Dieses Kapitel wurde ausschließlich solchen Signalen bzw. Kommandos gewidmet, die dem Hund gegeben werden, damit er bestimmte Aktionen ausführt. Es ist aber ebenso wichtig, auf die Signale des Hundes zu achten. Sie geben Auskunft über sein Wohlbefinden und vermitteln, ob er sich eventuell in einer Stresssituation befindet und wie stark dieser Stress ist. Die Hundesprache ist sehr komplex. Detaillierte Ausführungen dazu findet man z.B. bei Coren (2002) und allen dort zitierten Werken.

Kommandos und ihre Auflösung

Man sollte sparsam mit Kommandos umgehen. Je weniger Kommandos der Hund lernen muss, desto besser. Beim Agilitysport ist dies jedoch nicht ganz einfach zu realisieren, weil jedes Hindernis/Gerät zwecks Unterscheidbarkeit mit einem eigenen Wort angesprochen wird. Dennoch sollte die Anzahl an Kommandos möglichst gering sein. Sie sollten überlegt ausgewählt (kurze und prägnante Worte) und konsequent angewendet werden. So sind sie für den Hund hilfreicher als ganze Textpassagen im „Kleinkindtonfall", in denen das eigentliche Kommandowort erst herausgesucht werden muss. Ein freundlich ausgesprochenes **PLATZ** ist gute Hundegrammatik, **WÜRDEST DU BITTE DIE FREUNDLICHKEIT BESITZEN, PLATZ ZU NEHMEN** dagegen weit überzogen und viel zu lang.

Der Kommandobegriff selbst ist unbedeutend. Das Hinsetzen kann üblicherweise mit **SITZ** eingeübt werden, aber auch jedes andere Wort lässt sich mit der Hinsetzaktion verknüpfen. Kommandowörter sollten sich deutlich voneinander unterscheiden. Die Kommandos **SITZ** und **PLATZ** sind von der Unterscheidbarkeit her positive Kommandobeispiele; **GEH** und **STEH** sind zwar jeweils auch kurze Begriffe, doch sie sind einander sehr ähnlich und könnten deshalb Verwirrung im Hundekopf stiften.

Wortkommandos gibt man leise und in einem freundlichen Ton. Sie werden nur einmal gesagt, und es wird auf die sofortige Ausführung geachtet. Daraus resultiert, dass man Kommandos, deren Ausführung fraglich erscheint, erst gar nicht gibt. Einen Hund, der schon Nachbars Katze hinterher hetzt und etliche Meter von uns entfernt ist, braucht man nicht mehr zu rufen. Er würde kaum auf das Kommando hören. Er hat Wichtigeres im Kopf als ein eventuelles Leckerli. Er würde eher lernen, dass er nicht unbedingt kommen muss, wenn er gerufen wird. In diesem konkreten Fall kann man nur warten bis der Ausreißer wieder kommt und sich beim nächsten Mal hüten, ihn von der Leine zu lassen.

Ein weiterer Aspekt ist im Zusammenhang mit der unbedingten Ausführung von Kommandos zu berücksichtigen. Es ist die Problematik der Forderung bzw. Überforderung. Wenn man seinen Hund mit der Aus-

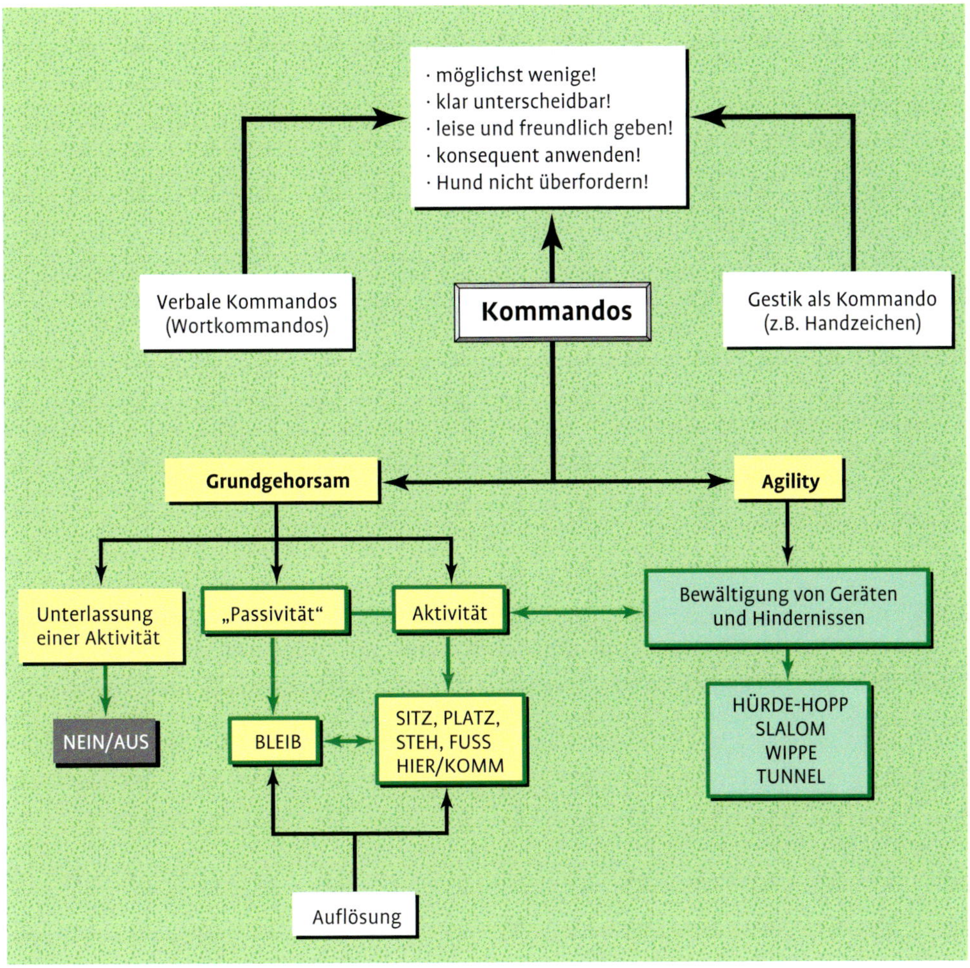

Das Wichtigste über Kommandos im Überblick.

führung von Kommandos geistig und körperlich fordert, ist das eine gute Sache. Hunde lernen und arbeiten gern, und sie sind intelligent genug, etliche Kommandos zu beherrschen und voneinander unterscheiden zu können. Das Beibringen der Kommandos und das Training ihrer Ausführung erfordern vom Hundeführer sehr viel Konsequenz. Er muss stets darauf achten, dass einmal gegebene Kommandos auch ausgeführt werden. Genau so wichtig ist es aber auch, den Hund nicht mit unzähligen Kommandos zu überfordern. Das rechte Maß ist gefragt. Man merkt sehr schnell, wenn der Hund unkonzentriert und lustlos arbeitet. Aus dieser Situation sollte man ihn „befreien“ und nicht aus falschem Ehrgeiz heraus weiter auf eine gute Leistung pochen. Vorsicht ist lediglich vor schauspielerischen Hundetalenten geboten. Das „Ich kann doch gar nicht mehr“ können clevere Vierbeiner auch vortäuschen. Wenn man sich vor dem „Ausgetrickst-werden“ schützen möchte, ist man gut beraten, eine letzte kurze Übung, die der Hund garantiert gern und gut ausführt, zu verlangen. Nach korrekter Ausführung wird er gelobt und kann mit diesem positiven Eindruck die Pause beginnen. Damit ist die Situation gerettet, der Hundeführer war erfolgreich konsequent und Kollege Pfiffikus hat sich sogar ein Lob verdienen können.

In diesem Zusammenhang sei erwähnt, dass mehrere kurze Trainingseinheiten am Tag besser sind als eine „ewig lange“.

Es gibt zahlreiche Kommandos, die nach der Ausführung eine so genannte Auflösung brauchen, wie z.B. **SITZ** und **PLATZ**. Hat sich der Hund einmal gesetzt bzw. gelegt, so soll er in der entsprechenden Position bleiben, bis Frauchen oder Herrchen das Kommando aufhebt (siehe auch Belohnung für gutes Verhalten, S. 35). Das Aufheben eines Kommandos kann durch so genannte Auflösungskommandos geschehen, wie z.B. **LAUF**, **AB** oder **GEH**. Sie bedeuten: „Du kannst nun machen, was Du möchtest. Du kannst liegen oder sitzen bleiben oder auch aufstehen und schnüffeln gehen oder spielen.“ Ein Auflösungskommando bedeutet für den Hund nun keine Verpflichtung hinsichtlich irgendeines Kommandos von uns zu haben. Wenn ein solches Kommando gegeben wird, während der Hund an der Leine ist, z.B. nachdem er **SITZ** gemacht hat, so darf er aufstehen oder sich hinlegen. Er darf natürlich auch sitzen bleiben. In jedem Fall muss er sich aber nach den sonst üblichen Leinenregeln richten, d.h. an der Leine darf nicht gezerrt werden. Dies muss ihm mit keinem speziellen Kommando gesagt werden. Wenn man jedoch mit ihm weiter gehen möchte, so sagt man in der Regel **KOMM** oder **FUSS**. Damit hat man ein Kommando in ein anderes Kommando überführt, ohne zwischendurch ein Auflösungskommando benutzt zu haben.

Eine Alternative zum Auflösungskommando bietet das Lob selbst. Man kann seinen Hund leicht daran gewöhnen, dass er mit dem Lob das vorher gegebene Kommando aufheben darf. Das setzt voraus, dass man bei der Ausführung etwas länger dauernder Kommandos zwischendurch nicht loben darf, es sei denn, man verbindet das Lob sofort mit der Wiederholung desselben Kommandos. Wenn Ihr Hund beispielsweise am Straßenrand **SITZ** macht, weil Sie die Straße auf Grund der Verkehrssituation noch nicht überqueren können, und Sie ihn zwischendurch unbedingt mal loben müssen, so streicheln Sie ihm über seinen Kopf und sagen **brav/SITZ**. Das Lob bestätigt ihn: „Du hast bisher alles wunderbar gemacht, du brauchst nicht ungeduldig werden, es ist alles in Ordnung.“ Und das wiederholte **SITZ** macht ihm klar, noch ein bisschen warten zu müssen“.

Die Strategie, das Lob selbst als Auflösung des zuvor ausgesprochenen Kommandos zu verwenden, nutzt man in der Regel auch bei der Clickertechnik (siehe Der Clicker als Belohnungsgutschein, S. 29).

Agilitykommandos benötigen keine Aufhebung. Nach der Ausführung des Kommandos **HÜRDE-HOPP**, dem Sprung also, ist das entsprechende Gerät „abgearbeitet“, und man geht zum nächsten über, ohne, dass weitere Kommandos nötig wären.

Kommandos für eine aktive Ausführung

Wenn der Hund ein Kommando erlernen soll, so muss er als erstes, die entsprechende Aktivität mit dem Kommandowort und/oder der entsprechenden Kommandogestik verknüpfen. Das geschieht, in dem man das Kommando genau in dem Moment gibt, indem der Hund zufällig oder durch Motivation die gewünschte Aktion ausführt. Ein unbekanntes oder auch zu wenig bekanntes Kommando wird einen Hund nicht zur Ausführung der richtigen Aktion bewegen. Er versteht schlichtweg nicht, was von ihm erwartet wird. Erst wenn Aktion und Kommando mehrfach zeitgleich gegeben worden sind, kann er beides miteinander verknüpfen. Den Lernprozess kann man mit angemessenem Lob (siehe Allgemeines zu Lob und Belohnung, S. 27) unterstützen, was die Sache sehr positiv für den Vierbeiner macht. Aktionen, die sich lohnen (könnten), begreift der Hund sehr schnell, und er wird sie wieder ausführen, sobald er das entsprechende Kommando erneut hört bzw. erkennt. Erst wenn die Verknüpfung erfolgreich stattgefunden hat, ist es möglich, zuerst das Kommando zu geben und dann seine Ausführung zu erwarten.

Handzeichen als gestische Kommandos sind sehr sinnvoll und auch wirkungsvoll. Hunde erlernen sie sehr schnell. Man kann mit ihnen die Wortkommandos unterstützen, indem man sie gleichzeitig gibt. Später können sie auch die Wortkommandos ersetzen. Damit ersparen sie dem Hundeführer das „über den Platz Brüllen“, wenn auf Distanz mit dem Hund gearbeitet wird.

Kommandos für eine Unterlassung

Kommandos, die keine Aktivität, sondern eher das Unterlassen einer Aktivität verlangen, sind im Allgemeinen schwieriger einzuüben. Beispiele hierfür sind **BLEIB** oder **WARTE** oder auch so genannte „Das-mag-ich-nicht-Kommandos", wie **NEIN**, **AUS** oder **PFUI**. Hierbei soll der Hund nichts tun, im Gegenteil, er soll entweder in seiner Position, die er gerade hat, verharren bzw. etwas, was er gerade begonnen hat, unterlassen.

Beim Kommando **BLEIB** erwartet man, dass der Hund an der Stelle verbleibt, an der man ihn zurückgelassen hat. Falls zuvor ein anderes Kommando, wie z.B. **SITZ** gegeben worden ist, so muss der Hund in der sitzenden Position bleiben, bis er aufgefordert wird, etwas anderes zu tun. Wenn man schon vorher beim Einüben des Kommandos **SITZ** konsequent auf die anschließende Auflösung des Kommandos geachtet hat, ist es relativ einfach, dem Hund das **BLEIB** beizubringen.

Bei den „Das-mag-ich-nicht-Kommandos" soll dem Hund etwas verboten werden. In der Regel wird das Kommando **NEIN** (auch **PFUI** oder **AUS** werden gelegentlich verwendet) benutzt, das man im strengen Tonfall ausspricht. Wenn sich der Hund beispielsweise anschickt, eines der Geräte zu markieren, sagt man streng **NEIN** und zieht ihn weg. Wenn er etwas beim Spaziergang fressen will, verfährt man genauso. Sobald er sich durch das **NEIN** gut stoppen lässt, wird er ausgiebig gelobt.

In Abhängigkeit von der Situation lässt sich ein **NEIN** geschickt umgehen. Nehmen wir an, unser Hund läuft auf eine Hürde zu, soll sie aber nicht überspringen. Kommandos, wie **SPRING NICHT** oder **NICHT HÜRDE HOPP** sind wenig verständlich und eher verwirrend. Und auch das Kommando **NEIN** würde hier wenig helfen, denn vor dem Sprung weiß der Hund nicht, was er unterlassen soll, beim Sprung kann man ihn nicht stoppen und nach dem Sprung ist es zu spät für das Kommando. Hier bietet es sich an, einen Befehl zu geben, der den Hund automatisch von der unerwünschten Aktion abhält. Bei den Kommandos **SITZ** oder **FUSS** oder auch **HIER** wird sich der gut trainierte Hund entweder hinsetzen oder bei **FUSS** gehen bzw. kurzerhand zu Herrchen oder Frauchen laufen. Dies sind drei verschiedene Aktionen, die ihn letztlich nicht über die Hürde springen lassen. Damit wurde die unerwünschte Aktivität (hier Sprung über eine Hürde) in eine andere, gewünschte Aktivität umgeleitet.

Die gleiche Strategie kann man auch für unerwünschte Verhaltensweisen anwenden (siehe Wenn Hunde sich nicht vertragen, s.S. 37).

Kommandos aus den Übungen und Spielen

Übungen an der kurzen Leine

In der nachfolgenden Auflistung sind alle Kommandos sowie Kommandokombinationen und deren Beschreibung erfasst, wie sie eingeübt und trainiert werden. Es handelt sich um Kommandos für den Grundgehorsam, die nicht nur im Hundesport gebraucht werden, sondern auch im alltäglichen Leben hilfreich sind.

SITZ

Das Kommando SITZ einüben und trainieren:

Das Kommando **SITZ** gehört zu den elementarsten Kommandos überhaupt. Sie können es ganz leicht einüben, indem Sie Ihrem Hund ein Leckerli direkt über die Nase oder den Kopf halten und es langsam nach hinten, in Richtung Rute bewegen. In dem Moment, in dem sich der Hund hinsetzt, sagen Sie **SITZ** und geben ihm das verdiente Leckerli.

Nach mehrfacher Wiederholung hat der Hund den Begriff mit der Aktion des Hinsetzens verknüpft. Nun können Sie das Kommando ohne ein Leckerli in der Hand zu halten geben. Setzt sich der Hund, wird er gelobt und mit einem Leckerli belohnt. Setzt er sich aber nicht, hat die Verknüpfung zwischen Wortkommando und der Aktion noch nicht stattgefunden. Hier muss man dem Hund etwas mehr Zeit geben und mehrere Übungen, wie oben beschrieben, durchführen.

Oben links: Das Kommando **SITZ** wird mit Hilfe eines Leckerli eingeübt. In dem Moment, indem sich der Hund hinsetzt, sagt man das Kommandowort.

Oben rechts: Das ist die so genannte Grundstellung. Der Hund sitzt auf der Führseite seines Frauchens auf Höhe ihrer Beine. Der aufmerksame Hund lässt sein Frauchen nicht aus den Augen.

Das Einüben eines Kommandos mit Hilfe einer „Leckerliverführung" ist relativ einfach. Was macht man aber mit den „Leckerlimuffeln", den so genannten „Unbestechlichen"? Das Prinzip des Einübens ist zunächst dasselbe, die gewünschte Aktion – hier das Hinsetzen – und das Aussprechen des dafür vorgesehenen Wortkommandos – hier **SITZ** – müssen zum Zweck der Verknüpfung mehrfach gleichzeitig erfolgen. Man überlegt also als erstes, wie der Hund zum Hinsetzen „überredet" werden kann, ohne dass man dabei irgendein Wort sagt. Die erste leckerlifreie Möglichkeit wäre, nichts zu tun und so lange zu warten, bis sich der Hund von allein anschickt, sich hinzusetzen. Irgendwann macht er es sowieso und genau diese Situation kann ausgenutzt werden, um das Kommandowort **SITZ** „an den Hund zu bringen". Zugegeben, das erfordert sehr viel Zeit und Geduld. Eine vermutlich etwas effektivere Lösung ist das Verwenden eines interessanten Gegenstandes (vielleicht ein Spielzeug) anstelle eines Leckerli und damit wie oben beschrieben zu verfahren. Dabei kann es allerdings passieren, dass der Hund vor lauter Neugierde und Begeisterung hochspringt, um das ersehnte Exemplar zu erhaschen. Das kann übrigens auch bei der Verwendung eines Leckerli passieren. Dem kann man entgegen wirken, indem man das Leckerli in der geschlossenen Hand verbirgt und damit so tief über den Hundekopf geht, dass ein Sprung nicht lohnen würde. Vermutlich ist das Leckerli auch in der geschlossenen Hand zu riechen, und unser Vierbeiner will die Nascherei unbedingt haben. Er wird deshalb unsere Faust wie oben beschrieben verfolgen.

Ein Spielzeug in der geschlossenen Hand zu verstecken, dürfte aufgrund der Größe ziemlich schwierig sein. Außerdem würde es auch nicht so attraktiv riechen wie ein Leckerli. Deshalb stellt diese Methode keine empfehlenswerte Alternative dar, um dieses Kommando einzuüben.

Als dritte Möglichkeit zum leckerlifreien Einüben des Kommandos **SITZ** wäre die Zuhilfenahme der Leine zu nennen. Wenn man die Hand, die die Leine hält, vorsichtig und langsam nach oben bewegt und dabei gleichzeitig mit der anderen Hand sanft das Hinterteil nach unten hält, so ist es nur eine Frage von wenigen Augenblicken bis der Hund sich setzt. Die Betonung bei dieser Technik liegt auf vorsichtig, langsam und sanft. Ungeduldiges Zerren an der Leine und

kräftiges Herunterdrücken des Hinterteils sind gemein und absolut unnötig.

Das Hinsetzen wird aus der Bewegung heraus geübt. Hund und Hundeführer laufen nebeneinander, halten an und der Hund erhält das Kommando. Daraufhin setzt er sich. Die Schulter des Hundes ist dabei auf der Beinhöhe des Hundeführers (diese Position entspricht der Grundstellung).

Hund und Hundeführer bleiben ohne Kommando stehen, der Hundeführer tritt vor den Hund und gibt das Kommando **SITZ**, wenn er dem Hund gegenüber steht. Man benutzt zur Unterstützung eine Gestik, wie z.B. die rechte Hand mit erhobenem Zeigefinger (siehe Bild oben rechts).

Das Kommando **SITZ** wird dem im **PLATZ** liegenden Hund gegeben, der sich daraufhin aufsetzen soll. Der Hundeführer soll dabei verschiedene Positionen zum Hund einnehmen.

Das Kommando **SITZ** wird als Ruheposition in der Agilitybox und auf dem Tisch verwendet.

Oben links: **SITZ** wird auch in der Agilitybox trainiert.

Oben rechts: Das Kommando **SITZ** wird mit einem Handzeichen unterstützt.

PLATZ

Das Kommando PLATZ einüben und trainieren:

Halten Sie Ihrem Hund die flache Hand (Handrücken zeigt nach oben) unter die Schnauze, am besten ganz kurz über dem Boden oder direkt auf dem Boden. Darunter sollte sich ein besonders gutes Leckerli verbergen. Ihr Hund wird es riechen und das Leckerli haben wollen.

Zuerst wird er noch stehend versuchen, an Ihrer Hand herumzulecken und knabbern, um das Leckerli zu ergaunern. Diesen Erfolg dürfen Sie ihm nicht gönnen. Wenn es für ihn zu mühsam wird, im Stehen an unserer Hand herum zu schlecken, dann wird er sich irgendwann in die gewünschte Position begeben. Genau im Moment des Hinlegens sagen Sie das Kommandowort **PLATZ**. Öffnen Sie sofort Ihre Hand und geben Sie ihm das verborgene Leckerli mit viel Lob.

Achten Sie stets auf die korrekte Auflösung des Kommandos, entweder durch eines der Auflösungskommandos oder durch das Lob selbst. Nach einigen Wiederholungen hat

Das Kommando **PLATZ** wird eingeübt: Unter der flachen Hand ist ein Leckerli versteckt. Damit wird die Neugierde des Hundes geweckt.

Dann versucht der kleine Pfiffikus an der Leckerlihand herumzuknabbern, um das Naschwerk zu ergaunern. Auf Dauer ist dies natürlich etwas mühselig,

Hier wird das Kommando **PLATZ** in der „Gegenüberposition" geübt: Der Hund liegt gerade auf dem Bauch vor seinem Frauchen.

der Hund gelernt, was Sie von ihm wollen. Ihre Hand muss nun nicht mehr als Leckerliversteck dienen. Ihre flache Hand genügt als Zeichen und wird mit dem entsprechenden Kommandowort gemeinsam benutzt. Die schnelle Ausführung des Kommandos in verschiedenen Situationen mit jeweils nur einer Kommandoart (verbal oder Handzeichen) und das unterschiedlich lange Beibehalten der Position (bis zu fünf Minuten) sind das Trainingsziel.

Bei der Arbeit mit einem Leckerlimuffel helfen folgende Tipps: Im Prinzip können dieselben Strategien, die für das Einüben des Kommandos SITZ beschrieben worden sind, verwendet werden. Das bedeutet, dass man wartet, bis der Hund sich von allein hinlegt. Hier sollte man jedoch von Anfang an darauf achten, dass das Hinlegen und das Sich-ins-PLATZ-legen zwei unterschiedliche Aktionen sein können. Beim Sich-ins-PLATZ-legen legt sich der Hund gerade auf den Bauch (Bild S. 12), beide Vorderpfoten liegen dabei vor ihm. Beim Hinlegen dagegen darf der Hund jede beliebige liegende Position einnehmen. Unser Kommandowort PLATZ kann also nur gesagt werden, wenn er sich manierlich bäuchlings auf seinen Bauch legt, nicht aber wenn er sich „hinlümmelt". Eine zweite Möglichkeit besteht im Einüben des Kommandos aus dem **SITZ** her-

Deshalb bringt er sich in eine bequemere Position.

Schließlich legt er sich hin. In diesem Moment sagt man das Kommando **PLATZ** und öffnet die Hand, um den Hund zu belohnen.

Das Kommando **PLATZ** wird auch in der Agilitybox trainiert.

aus. Man bringt also seinen Hund zunächst ins **SITZ**. Bei ruhigen Hundevertretern können die Vorderpfoten genommen und vorsichtig nach vorn bewegt werden. Zugleich hält man mit der anderen Hand die Leine leicht gespannt direkt über den Rücken des Hundes. Bitte machen Sie mit der Leine keine ruckenden Bewegungen!

Man stellt sich vor oder neben den Hund und gibt das entsprechende Kommando verbal und/oder mit einem Handzeichen. Daraufhin soll sich der Hund gerade auf den Bauch legen. Der Hund wird zuerst ins **SITZ** bzw. **STEH** gebracht und wird ausgehend von dieser Position aufgefordert, ins **PLATZ** zu gehen.

Das Kommando wird auch in der Agilitybox und auf dem Tisch geübt.

STEH

Das Kommando STEH einüben und trainieren:

Man bringt den Hund zunächst ins **SITZ**. Nun hält man ihm ein Leckerli so vor die Schnauze, dass er aufstehen muss, um es zu bekommen. Allerdings soll der Hund mit dieser Übung keinesfalls provoziert werden, ein nicht aufgelöstes **SITZ**-Kommando zu ignorieren, sobald es ein Leckerli zu erhaschen gibt. Deshalb gibt man ihm in diesem Fall erst das Kommandowort und hält dann sofort die flache Hand mit dem Leckerli, das durch den Daumen festgehalten wird, vor die Schnauze. Der Hund schaut dabei auf die Handinnenfläche. Wenn Sie das Kommando so einüben, kann Ihr Hund sehr gut zwischen dem **SITZ**-Kommando mit der nachträglichen Auflösung und dem neuen Kommandowort **STEH** unterscheiden, das belohnt wird, wenn er aufsteht.

STEH wird mit Hilfe eines Leckerli eingeübt: Dem sitzenden Hund wird ein Leckerli angeboten. Zugleich wird das Kommandowort STEH gesagt. Sobald er aufsteht, erhält er die Belohnung.

Beim nächsten Schritt wird das Geben der Belohnung nach und nach etwas verzögert. Wenn der Hund die Übung verstanden hat, achtet man auch bei diesem Kommando auf seine korrekte Auflösung.

Für die „Nichtnaschkatzen“ ist es am besten, wenn die angeleinten Zeitgenossen vom Kommando **SITZ** mit dem Wort **STEH** zum scheinbaren Weitergehen bewogen werden. Sobald sich der Hund erhebt, stoppt man. Hund und Hundeführer stehen zunächst nebeneinander und haben dieselbe Blickrichtung. Der Hund wird ins **SITZ** geschickt – das entspricht der Grundstellung. Nun dreht sich der Hundeführer um 90° zum Hund und übt das Kommando **STEH**.

Ein Leckerliersatz, wie z.B. ein interessantes Spielzeug, kann selbstverständlich auch verwendet werden. Mit dem Wort **STEH** ermuntert man den Hund aufzustehen. Im Moment des Aufstehens, wird er ausgiebig gelobt und darf mit dem Spielzeug spielen.

Das Kommando **STEH** kann man folgendermaßen trainieren:

1. Der Hund wird mit dem Kommando **STEH**, wie oben beschrieben, sowohl aus der **SITZ**- als auch aus der **PLATZ**-Position aufgefordert sich hinzustellen. Die Auflösung des Kommandos wird zeitlich immer mehr verzögert. Er soll lernen, dass er auch etwas länger in der entsprechenden Position verbleiben soll.
2. Das Kommando wird beim Anhalten direkt aus der Bewegung heraus geübt. Wenn sich der Hund beim Stehenbleiben automatisch setzen sollte, wird das Hinsetzen einfach ignoriert und das Kommandowort **STEH** gegeben. Die korrekte Ausführung wird gelobt.
3. **STEH** ist auch eine der Ruhepositionen in der Agilitybox und auf dem Tisch, deshalb wird sie auch an den entsprechenden Geräten geübt.

FUSS

Das Kommando FUSS einüben und trainieren:

Es gilt das gleiche Prinzip wie für das Einüben anderer Kommandos: Das Wort **FUSS** muss zunächst mit der gewünschten Aktion verknüpft werden. Bringen Sie deshalb Ihren Hund dazu, ordentlich links neben Ihnen zu laufen (idealer Weise sollten die Schulterhöhe Ihres Hundes und Ihre Beine eine Linie bilden). Ein Leckerli in der geschlossenen linken Hand, dem Hund vor die Nase gehalten, kann auch hier wahre Wunder bewirken. Im Moment der perfekten Ausführung wird das Kommando FUSS gesagt. Wiederholen Sie das Ganze mehrfach.

Mit Hilfe eines Leckerli lernt sich **FUSS** viel leichter.

Die Leckerligaben sollten Sie so schnell wie möglich reduzieren, indem Sie die abverlangten **FUSS**-Strecken ausdehnen. Es darf keinesfalls dazu kommen, dass Ihr Hund nur dann anständig läuft, wenn Sie ihn mit einem gut riechenden Leckerli in Ihrer Hand bestechen.

Häufig reicht die beschriebene Leckerlimethode nicht aus, um das gewünschte **FUSS**-Kommando zu manifestieren. Es erfordert für die Hunde eine ziemlich hohe Konzentration, sich ständig an Frauchens bzw. Herrchens Schrittfrequenz, die absolut nicht mit ihrer eigenen übereinstimmt, anpassen zu müssen. Deshalb ignorieren sie das Kommando gern nach ein paar Schritten. In Abhängigkeit vom Hund und der Konsequenz des Hundeführers sind mehr oder weniger häufige „Erinnerungen“ nötig, damit der Hund anständig läuft. Eine der besten Erinnerungsmethoden ist es dabei, die Aufmerksamkeit des Hundes immer wieder auf sich zu lenken, z.B. durch plötzliche Richtungswechsel (mindestens 90 Grad) während des Laufens. Immer dann, wenn der Hund Sie aufmerksam anblickt, wird er kurz durch Streicheln gelobt.

HAND

Das Kommando HAND einüben und trainieren:

Ein Agilityhund soll links und rechts „führig“ sein, d.h. sich auf beiden Seiten gut führen lassen, denn bei seiner Arbeit an den Geräten bzw. Hindernissen muss er sowohl links als auch rechts von seinem Frauchen bzw. Herrchen arbeiten können. Deshalb übt man das Führen des Hundes auch an der rechten Körperseite. Als geeignetes Kommandowort kann man **HAND** benutzen. Das Einüben des Kommandos **HAND** erfolgt ebenso wie für das Kommando **FUSS**.

Sie können den Seitenwechsel auch ganz leicht mit dem Lockmittel Leckerli einüben. Wenn Ihr Hund links von Ihnen steht und Sie ihn auf der rechten Seite haben wollen, so locken Sie ihn mit einem Leckerli in Ihrer rechten Hand auf Ihre rechte Körperseite und sagen zeitgleich das Kommandowort **HAND**. Dort angekommen wird er gelobt und erhält das Leckerli.

Der Hund soll das Kommandowort nicht nur mit dem Seitenwechsel verknüpfen, sondern auch mit dem ordentlichen Laufen rechts neben seinem Menschen. Deshalb ist es wichtig, nach dem vollzogenen Seitenwechsel eine gewisse Strecke zu laufen. Dabei kann man das Kommandowort **HAND** wiederholen und damit dem Hund bestätigen, dass rechts neben seinem Führer zu laufen **HAND** heißt.

Für das weitere Training kombiniert man das Kommandowort **HAND** mit anderen Kommandos des Grundgehorsams. Laufstrecken mit dem rechts geführten Hund werden von Zeit zu Zeit unterbrochen, um die Kommandos **SITZ**, **PLATZ** und **STEH** zu üben.

Rechts: Das Kommando **BLEIB** wird mit einem Handzeichen kombiniert.

BLEIB

Das Kommando BLEIB einüben und trainieren:

Bringen Sie bitte Ihren Hund ins **SITZ** oder **PLATZ**. Es ist günstig, wenn Sie ihm dabei gegenüber stehen. Sagen Sie **BLEIB** und unterstützen das Kommandowort durch die nach oben gestellte, flache Hand oder ein anderes Handzeichen Ihrer Wahl. Warten Sie eine Weile, bevor Sie das Kommando mit viel Lob auflösen. Die Dauer des anfänglichen Wartens hängt vom Hund ab. Warten Sie auf jeden Fall nur so lange, wie Sie sich sicher sind, dass Ihr Hund nicht von sich aus das Kommando auflöst. Die Wartezeit bis zur Auflösung des Kommandos kann langsam gesteigert werden. Sobald diese Übung gut klappt, versucht man während der Wartezeit schrittweise seine eigene Position zum Hund zu verändern, und den Abstand zu ihm zu vergrößern (soweit es die Leine zulässt). Mit zunehmender Trainingszeit wird auch hier die Zeitdauer bis zum Zurückgehen zum Hund und Auflösen des Kommandos verlängert.

Das Kommando wird in Verbindung mit den Kommandos **SITZ**, **PLATZ** und **STEH** wie oben beschrieben (s.S. 9f.) trainiert. Dabei werden auch die beiden Agilitygeräte Box und Tisch mit einbezogen.

GEH, AB, LAUF

Kommandos, die ein vorausgegangenes Kommando auflösen

Kommandos, wie **GEH**, **AB** oder **LAUF** werden häufig zum Auflösen eines Vorgängerkommandos gegeben. Sie bedeuten, dass der Hund das soeben ausgeführte Kommando abbrechen kann und keine neue Aufgabe hat. Es bedarf keiner speziellen Übung, um dieses Kommando einzuüben. Man gibt es zu gegebener Zeit und beachtet den Hund nicht weiter. Eine einladende Handbewegung, die andeutet, er könne seiner Wege gehen, ist völlig ausreichend, ihm klar zu machen, dass er nun tun kann, was er möchte.

Wie oben bereits erwähnt, kann man anstelle eines Auflösungskommandos auch das Lob für das zuvor ausgeführte Kommando verwenden. Das bedeutet, dass Sie die vorherige Leistung erst loben dürfen, wenn sie komplett abgeschlossen ist. Ein Lob zwischendurch ist nicht möglich, es sei denn, man verbindet das Lob sofort mit dem nächsten Kommando, wie z.B. **brav/SITZ**.

Wenn der Hund zuverlässig beim Hundeführer bleibt, kann man ihn frei durch einen Parcours laufen lassen.

NEIN

Das Kommando NEIN einüben und trainieren

Das Kommando **NEIN** soll eine unerwünschte Aktion verbieten. Es wird in der entsprechenden Situation streng ausgesprochen. Unterlässt der Hund die unerwünschte Handlung, wird er ausführlich gelobt. Man kann das Kommando **NEIN** auch folgendermaßen einüben: Man hält Leckerlis bereit und gibt sie seinem Hund entweder wortlos oder zeitgleich mit dem Wort **NIMM**. Nach mehrmaligem Angebot sagt man **NEIN** und verweigert die Leckerligabe. Dies macht man mehrfach bis der Hund von allein bei **NEIN** nichts frisst. Das verdient dann natürlich großes Lob. Der Hund wird schnell begreifen, dass er bei **NEIN** das Leckerli nicht anzurühren hat. Bedauerlicherweise ist die Übertragbarkeit des so Gelernten auf andere Situationen sehr schwer.

Übungen an der 10-Meter-Leine

Agility und die meisten anderen Hundesportarten werden von den Hunden ohne Leine (und ohne Halsband) absolviert. Der Hund darf sich dabei nur so weit vom Hundeführer entfernen, wie es die Arbeitsdistanz zulässt bzw. erforderlich macht. Die bevorzugte Arbeitsdistanz kann sich von Team (ein Hundeführer und ein Hund) zu Team unterscheiden.

Das zuverlässige „Bei-dem-Hundeführer-bleiben“ und in jeder Situation abrufbar sein ist auch die Voraussetzung für jeden Freilauf. Wie kann man nun diesen Gehorsam erreichen, bzw. wie kann man entsprechende Kommandos erarbeiten?

Es eignen sich verschiedene Kommandos bzw. Zeichen wie man dem Hund das Herankommen bzw. das Bei-dem-Hundeführerbleiben signalisieren kann. Es obliegt Ihnen als Hundehalter ein für Sie geeignetes Signal zu wählen, das Sie dann konsequent als einziges Kommando zu diesem Zweck nutzen.

Das kann ein verbales Kommando wie **HIER** oder **ZU MIR** oder **KOMM** sein. Es ist aber ebenso ein Pfiff ohne oder mit Hilfsmittel (Hundepfeife) oder ein bestimmtes Geräusch (Rasseln mit einer Kette) nutzbar. Wenn das Kommando gegeben worden ist, muss der Hund schnell zu Ihnen laufen und so lange bei Ihnen bleiben, bis ihm ein anderes Kommando das Entfernen erlaubt (z.B. **GEH/LAUF/AB** siehe S. 17). Wird das Kommando zum Entfernen nicht gegeben, ist klar, dass der Hund bei seinem Frauchen bzw. Herrchen bleiben muss. Das ist unabhängig davon, ob der Mensch still steht oder sich fortbewegt. Letzteres bedeutet, dass der Hund ihm folgt. Wenn dieser Gehorsam bereits gut eingeübt ist, haben Hund und Halter einen großen Vorteil bei jedem Hundesport.

HIER

Das Kommando HIER einüben und trainieren

Der an der langen Leine befindliche Hund darf sich zunächst in einer beliebigen Richtung entfernen. Nun wird sein Name gerufen. Da er ihn kennt, wird er vermutlich aufmerksam werden und irgendetwas erwarten. Nach einer kurzen Pause sagt man nun **HIER**. Wenn er auf Anhieb zu uns heran kommt, wird er schon während des Kommens gelobt, z.B. **brav/HIER**. Diese Wortkombination sagt ihm, es ist richtig, was du machst, nur weiter so, du bist auf dem richtigen Weg.

Wenn der Hund auf das Kommado **HIER** zu einem kommt, wird er tüchtig gelobt.

Die Wahrscheinlichkeit, dass er beim ersten Rufen nicht kommt, ist vermutlich recht hoch. Das ist aber kein Problem. Rucken Sie leicht an seiner Leine. Wenn Ihr Hund noch jung und an ihm noch nicht „herumerzogen“ worden ist, kennt er einen Leinenruck noch nicht. Dann wird er sich erschrecken und sicherheitshalber zu Ihnen laufen, wo er sich geborgen fühlt. Loben Sie ihn, wenn er auf dem richtigen Weg zu Ihnen ist.

Wenn Sie jedoch einen Hund haben, der sich für alles Mögliche und Unmögliche viel mehr interessiert als für Sie, so ziehen Sie ihn nach dem **HIER** mit der Leine zu sich heran. Hierfür gibt es natürlich kein Lob.

Nach dem Heranziehen darf sich der Hund erst dann wieder entfernen, wenn man ein Auflösungskommando gegeben hat. Das Ganze wird wiederholt: der Name des Hundes wird gerufen, eine kurze Pause folgt, **HIER** kommandiert das Herankommen. Man zieht den Hund heran, wartet wieder einen Moment und gestattet schließlich wieder das Weggehen usw.

Eventuell sind viele Wiederholungen nötig; allerdings nicht zu oft hintereinander, denn das würde sicher jeden Hund frustrieren. Wenn sich nach etwa fünf Wiederholungen keine positive Tendenz einstellt, empfiehlt es sich, mit einer anderen Übung, die der Hund gut kann und für die er Lob verdient, durchzuführen. Die lange Leine kommt dann morgen wieder dran.

Verzagen Sie nicht, auch mit dem etwas zögerlichen Zeitgenossen müssen Sie so weit kommen, dass er bei dem Kommandowort **HIER** weiß: „Jetzt muss ich zu Frauchen bzw. Herrchen. Ich komme nicht darum herum, es gibt keine Alternative!“ Wenn sich dann die erste positive Tendenz einstellt, und er im richtigen Moment gelobt und belohnt wird, dann merkt er sehr schnell, es ist notwendig und sogar schön zu seinem Menschen zu laufen.

Jedes Mal wenn der Hund herangekommen ist – unabhängig davon, ob von allein und von unserem Lob begleitet oder durch wortloses Heranziehen – hält man ihn etwas fest und gestattet ihm nach einer Weile mit einem der Auflösungskommandos, dass er sich wieder entfernen darf. Temperamentvolle Hunde werden sehr ungeduldig sein und sich schnell wieder entfernen wollen. Man hält sie deshalb anfangs nur für wenige Sekunden fest und sagt dann z.B. **GEH** und lässt sie wieder davon flitzen. Wenn der so genannte „Aha-Effekt" beim Hund einsetzt, lässt man ihn vor dem Auflösungskommando los (zur Sicherheit kann man einen Fuß auf die lockere Leine stellen, sodass er selbst bei Misslingen der Übung nicht weg kommt). Dabei könnte er Sie erwartungsvoll ansehen, weil er auf „sein" **GEH** wartet. Nach einer Weile kommt dann der ersehnte Befehl. Sobald der Hund verknüpft hat, dass er erst bei einem Kommando wie **GEH** wieder gehen darf, erübrigt sich das Festhalten nach dem Herankommen. Dann haben Sie einen großen Schritt geschafft und können stolz sein! Ihr Hund kommt auf Zuruf und bleibt bei Ihnen bis Sie ihm gestatten, dass er sich wieder entfernen darf.

An dieser Stelle sei vor zu großer Ungeduld gewarnt. Diese Übung braucht Zeit, verlangt geduldige Konsequenz und muss ständig wiederholt werden. Die Wiederholungen sollten nach Möglichkeit in verschiedenen Umgebungen stattfinden.

BLEIB

Das Kommando BLEIB einüben und trainieren

Man greift dieselbe BLEIB-Übung wieder auf, die bereits mit der kurzen Leine beschrieben worden ist (s.S. 16). Der Hund wird ins **SITZ** gebracht und das Kommando **BLEIB** wird angeschlossen. Mit der langen Leine haben Sie die Möglichkeit, sich deutlich weiter zu entfernen als mit der kurzen. Von Mal zu Mal kann man sich ein Stückchen weiter entfernen. Warten Sie einen Moment und gehen Sie dann wieder zum Hund zurück. Loben Sie ihn, wenn er ordentlich sitzen geblieben ist und erlauben Sie ihm schließlich aufzustehen.

Als Nächstes dehnt man die Zeit aus, die der Hund nach dem Herankommen bleiben soll. Auch das muss allmählich erfolgen. Bleiben Sie dazu zuerst an einer Stelle stehen. Wenn die Übung gut klappt, dann können Sie den Schwierigkeitsgrad erhöhen, indem Sie sich langsam fortbewegen. Dabei muss Ihr Hund Ihnen folgen. Er muss innerhalb eines bestimmten Radius bei Ihnen bleiben. Sobald Sie merken, dass Ihr Hund unkonzentriert wird und jeden Moment loslaufen könnte, sollten Sie die Übung im positiven Sinne beenden. Entweder Sie gestatten ihm zu gehen oder Sie nehmen ihn an die kurze Leine.

Als nächste Übung lässt man den Hund im **SITZ**, **PLATZ** oder **STEH** warten, holt ihn diesmal aber nicht ab, sondern ruft ihn mit **HIER** zu sich.

VORAUS

Das Kommando VORAUS einüben und trainieren

Man lässt seinen Hund zunächst im **SITZ** warten, entfernt sich ca. 5 Meter von ihm und legt vor ihm etwas ab, was ihn interessieren könnte. Die meisten Hunde sind neugierig und interessieren sich für alles, was vor ihnen abgelegt wird. Falls zusätzliche Motivation nötig sein sollte, so kann man auf den abgelegten Gegenstand ein Leckerli oder ein Spielzeug legen. Der Hund befindet sich noch immer im **SITZ**. Nun geht man zu ihm zurück und zeigt mit dem ausgestreckten Arm auf den abgelegten Gegenstand. Zugleich sagt man das Kommando **VORAUS**. Auch wenn der Hund das Kommando noch nicht kennt, wird er sich durch die auffordernde Gestik und der aufgestauten Neugierde auf den fremden Gegenstand aufgefordert fühlen, hinzulaufen. Sobald er am Gegenstand angekommen ist und, falls vorhanden, sein Leckerli vertilgt hat, wird er mit dem Kommando HIER zurückgerufen.

Es empfiehlt sich unserer Meinung nach nicht, diese Übung mehrfach hintereinander zu wiederholen. Es ist vielmehr besser, zwischendurch andere Übungen oder eine Pause zu machen. Wenn man die Übung 2- bis 3-mal täglich mit längeren Pausen durchführt, dies aber regelmäßig, erreicht man mehr, als wenn man häufige Wiederholungen hintereinander verlangt.

Weitere Übungen mit der langen Leine

Alle weiteren Übungen mit der 10-Meter-Leine ergeben sich durch unterschiedliche Kombinationen der bereits erlernten Kommandos. Man übt z.B. die Kommandos **SITZ**, **PLATZ** und **STEH** mit zunehmender Distanz zum Hund zu geben. Beginnen Sie am besten mit **SITZ/BLEIB**. Wenn Ihr Hund sich hingesetzt hat, entfernen Sie sich von ihm. Beginnen Sie zunächst nur mit wenigen Metern. Geben Sie ihm nun das Kommando **PLATZ** (bzw. **STEH**). Loben Sie ihn bei guter Ausführung und vergessen Sie nicht die Auflösung des letzten Kommandos. Geduld ist nun angesagt. Von Mal zu Mal kann die Distanz zwischen Ihnen und Ihrem Hund vergrößert werden.

Auch hierbei sollte das Training immer in kleinen Schritten voran gehen. Damit kommt man schneller ans Ziel als mit übertriebenem Ehrgeiz. Jeder Hund soll immer die Chance haben, den Erwartungen seines Besitzers erfüllen zu können. So kann er sich Lob bzw. seine Belohnung verdienen. Das motiviert ihn und so macht ihm das Lernen Spaß. Er merkt, dass er seinem Frauchen bzw. Herrchen gefällt. Geht man dagegen zu schnell vor und überfordert man seinen Hund, dann verliert er die Lust; eine beinahe menschliche Reaktion, oder?

Kommandos für Agilitygeräte und -hindernisse

In diesem Kapitel werden alle Geräte bzw. Kommandos berücksichtigt, die in den nachfolgend beschriebenen Übungen bzw. Spielen auch genutzt werden.

HÜRDE-HOPP

Das Kommando HÜRDE-HOPP einüben und trainieren.

Das Kommando **HÜRDE-HOPP** ist recht einfach einzuüben. Die Höhe der Hürde richtet sich nach der Größe des Hundes. Sie sollte keinesfalls zu hoch eingestellt werden, 30 Zentimeter für einen mittelgroßen Hund sind ausreichend.

Es kommt nicht darauf an, einen Hochsprungleistung einzustudieren, sondern ein Kommando zu erlernen, bei dem der Hund das Hindernis zuverlässig und aus verschiedenen Positionen heraus überwindet.

HÜRDE-HOPP ist ein wichtiges Agilitykommando.

Im Agility läuft der Hund später frei über die Hürde.

Man geht am besten aus der Bewegung heraus an eine Hürde heran und sagt an der vermeintlich besten Absprungstelle vor der Hürde das Kommando **HÜRDE-HOPP**. Dabei ist es günstig, den Sprung mit dem ausgestreckten Arm zu unterstützen. Üblicherweise benutzt man dazu den Arm, der dem jeweiligen Gerät am nächsten ist. Wenn der Hund trotz freundlicher Aufforderung nicht springt, ignoriert man die Angelegenheit. Man verschafft ihm eine kleine Bewegungsrunde und versucht es erneut. Wenn sich mehrere Misserfolge anbahnen und der Hund nicht zum Sprung bereit ist, sollte man eine Übung, die er gut kann sowie eine kurze Pause, anschließen. Nur die Ruhe, es klappt schon!

Falls sich die beschriebene Strategie als nicht erfolgversprechend abzeichnen sollte, geht man zum so genannten „Plan B" über. Man führt seinen Hund an eine flache Hürde heran, hält die Leine in der linken Hand und lockt den Hund mit einem Leckerli in der rechten Hand über die Hürde. Dabei sagt man in bewährter Form das Kommando, das man für diese Aktion verwenden will, also **HÜRDE-HOPP**.

Unabhängig von der verwendeten Strategie wird der Hund nach erfolgtem Sprung wie immer sehr gelobt. Ein paar Wiederholungen festigen das Gelernte.

TISCH-HOPP

Das Kommando TISCH-HOPP einüben und trainieren

Der Agilitytisch ist maximal 75 Zentimeter hoch. Das ist recht beachtlich und nicht jeder Hund springt auf Anhieb darauf. Für die etwas ängstlichen Hunde kann man verschiedene Hilfestellungen geben.

Manchmal scheuen sich die Hunde vor dem Sprung, weil man unter der Tischplatte durchsehen kann. Dem ist einfach abzuhelfen, indem man auf der Sprungseite eine Decke nach unten hängen lässt. Eine weitere Hilfestellung kann eine Art Treppe sein, z.B. ein niedrigerer Tisch oder ein Stuhl. Wenn der Hund erst einmal gemerkt hat, dass er auf diese Weise völlig unbeschadet auf den Tisch kommt und ihm dort nichts Negatives passiert, ist er anschließend leicht dazu zu bewegen, in einem Satz auf den Tisch zu springen.

Die Kommandogebung erfolgt bei diesem Hindernis nach demselben Prinzip wie für die Hürde beschrieben wurde. Im Moment des geeigneten Sprunges gebraucht man die Worte **TISCH-HOPP**. Nach erfolgreichem Sprung wird der Hund ausgiebig gelobt und belohnt. Damit ist das Gerät aber noch nicht „abgearbeitet". Auf dem Tisch angekommen, soll der Hund nun **PLATZ** oder **SITZ** oder **STEH** machen und in den entsprechenden Positionen für einige Sekunden verbleiben, bevor es mit einem der **KOMM**-Kommandos weiter durch den Parcours geht. Bei einem Agilityturnier würde der Richter die Ruheposition auf dem Tisch festlegen. Wir üben nach und nach alle drei Kommandos ein, um damit flexibel eines der Kommandos für unsere Spiele auswählen zu können.

Der Agilitytisch wird erobert: so schnell ist man oben

und kann es sich bequem machen.

WIPPE

Die WIPPE einüben und trainieren

Auch hier passt man das Kommandowort dem Gerät an: Die Wippe wird mit dem Kommando **WIPPE** überwunden. Die Wippe gehört zu den drei Kontaktzonengeräten beim Agility. Kontaktzonengerät bedeutet, dass die beiden außenliegenden Bereiche der Wippe (etwa 90 Zentimeter, zumeist farbig markiert) zur Kontaktzone erklärt werden, und mindestens mit einer Pfote vom Hund berührt werden müssen. Solange man mit der Leine arbeitet und der Hund relativ langsam über die Wippe geht, ist es keine besondere Leistung, diese Zone zu berühren. Sobald die Hunde geübter werden, legen sie an Geschwindigkeit zu, sodass sie ruckzuck über die Kontaktzonen springen können. Deshalb achtet man von Anfang an ganz bewusst auf die korrekte Überwindung des Gerätes.

Ganz vorsichtig wird hier die Überwindung der Wippe geübt.

Es ist nicht ganz ungefährlich, das Überwinden der Wippe einzuüben. Man muss ganz besonders auf das Halsband und die Leine achten, um damit nicht hängen zu bleiben. Dadurch bekäme unser Hund ohne Grund einen vielleicht schmerzhaften Ruck und würde damit eine unnötig negative Erfahrung machen. Das würde ihn vermutlich nicht dazu motivieren, das Gerät mit Freude zu überwinden. Es empfiehlt sich daher für die erste Überwindung der Wippe einen Helfer hinzu zu bitten. Während der Hundeführer in der einen Hand die Leine hat, die möglichst locker, aber nicht schlabbrig, durchhängen sollte, kann er mit der anderen Hand bzw. dem entsprechenden Arm unter den Bauch des Hundes greifen und den Hund im Notfall abstützen. Der Helfer steht auf der anderen Seite der Wippe und lockt mit der einen Hand den Hund per Leckerli über die Wippe. Mit der anderen Hand sorgt er dafür, dass die Wippe am Umschlagpunkt ganz langsam auf die andere Seite kippt, um ein Erschrecken zu vermeiden. Es ist günstig, wenn der Hund beim ersten Anlauf auch tatsächlich über die Wippe geht. Das hat den Vorteil, dass er sofort ein Lob bekommen kann, das er positiv mit dem Gerät verbindet. Wenn er auf halber Strecke abspringt oder auch überängstlich herunter rutscht, assoziiert er Probleme mit der Wippe. Das sollten wir ihm nach Möglichkeit ersparen. Aber auch hier muss man auf die individuelle Persönlichkeit der Hunde achten: Es gibt Hunde, die eine lange Gewöhnungsphase brauchen und die während dieser Phase beinahe unzählbar oft resignieren und das Gerät nicht schaffen. Aber plötzlich lassen sie sich von Frauchen ganz behutsam darüber führen und das „Eis ist gebrochen“.

LAUFSTEG und BANK

LAUFSTEG und BANK einüben und trainieren

Der Laufsteg ist das zweite von insgesamt drei Kontaktzonengeräten beim Agility. Die Bank, die in einigen Übungen verwendet wird, ist kein Agilitygerät. Sie ist einem Schwebebalken beim Geräteturnen ähnlich, allerdings nur 50 Zentimeter hoch und mit 3 Metern deutlich kürzer. Sie wurde gewissermaßen kurzerhand zum passenden Kontaktzonengerät erklärt.
Das Einüben der beiden Geräte erfolgt ebenso wie das Trainieren der Wippe. Es können die Kommandos **LAUFSTEG** bzw. **BANK** beim Überqueren benutzt werden, um die Verknüpfung zwischen den Geräten und dem entsprechenden Kommandowort herzustellen.

Dann werden die beiden Worte unmittelbar vor dem Betreten der Geräte gebraucht.

Die erste Benutzung wird durch unser übliches Lockmittel erleichtert. Ist das Gerät schon einstudiert, gibt man die Belohnung erst nach erfolgreicher Benutzung. Die Lockmittelfunktion sollte schnell wieder abgeschafft werden, denn es soll belohnt, nicht aber bestochen werden (siehe dazu auch Allgemeines zu Lob und Belohnung, S. 27).

Hier traut sich schon jemand über den Laufsteg.

"Frauchen, ist das ein Schwebebalken?"

TUNNEL und SCHLAUCHTUNNEL

TUNNEL und SCHLAUCHTUNNEL einüben und trainieren

Da sich nicht jede Gruppe gleich professionelle Agilitygeräte anschaffen kann, sind Ideen für Alternativen entwickelt worden: beispielsweise können Kindertunnel aus Nylon und eine umfunktionierte Regentonne, deren Boden entfernt und die mit einem beiderseits offenen Sack verbunden wurde (Schlauchtunnel), gute Dienste leisten. Die Kommandogebung und Durchführung ist ebenso wie bei den professionellen Geräten zu handhaben. Auch hier eignen sich die Namen der Geräte als Kommandos, also **TUNNEL** und **SCHLAUCH** (für Schlauchtunnel).

Die Tunnelröhre macht allen Spaß!

Unten: Den Schlauchtunnel muss man erst langsam üben.

Bei der ersten Benutzung sollte man einen Helfer um Unterstützung bitten. Er sollte den Hund an dem einen Ende des Tunnels bzw. Schlauchs festhalten, während man selbst zum anderen Ende des Gerätes geht. Sobald man das entsprechende Kommandowort gesagt hat, lässt der Helfer den Hund los. Da der Hund in aller Regel möglichst schnell zu seinem Hundeführer möchte, ist er meist sehr schnell durch den Tunnel gelaufen. Dafür wird er natürlich tüchtig gelobt.

Beim Schlauchtunnel sollte man zunächst den Tunnel aufhalten und den Blickkontakt zwischen sich und dem Hund herstellen. Wenn der Hund einige Male durch den Schlauchtunnel – unsere Regentonne – gelaufen ist, braucht man den Sack am Ausgang des Tunnels nicht mehr auf zu halten.

Sollte das Hineingehen in einen der beschriebenen Tunnel schwierig sein, so kann man ein Leckerli vorauswerfen. Dadurch bestechliche Hunde lassen sich das Leckerli gewöhnlich nicht entgehen und folgen ihm. Man sollte jedoch unbedingt weit genug werfen, damit der Hund nicht wieder zurückkommt, sondern den Weg zum anderen Ende nimmt. Sollte er doch wieder zum Eingang herauskommen, so sollte man diese Aktion ignorieren und einen neuen Anlauf starten. Tunnel sind sehr beliebte Hindernisse, auch Ihr Hund wird sehr bald seine Freude daran haben.

Richtige Agilitytunnel sind 6 Meter lang und bei einem konstanten Durchmesser von 60 Zentimeter in sich beweglich. Man kann sie also nicht nur in Form einer Röhre mit veränderbarer Länge aufstellen, sondern auch U- und S-Formen legen. Für die Phase des Einübens geht man wieder schrittweise vor. Gestartet wird mit einem kurzen, ineinander geschobenen Tunnel. Nach und nach wird die Röhre bis auf ihre maximale Länge ausgezogen. Das ist alles noch relative einfach, weil der Hund am „Eingang" des Tunnels den Ausgang sehen kann. Etwas schwieriger wird es für ihn, wenn der Ausgang nicht mehr sichtbar ist. Aber auch dabei kann man schrittweise vorgehen und durch Veränderung der Tunnelform den Ausgang erst teilweise und dann schließlich bei der U- und S-Form ganz verschwinden lassen.

SLALOM

SLALOM einüben und trainieren

Es werden zwei verschiedene Typen von Slalomabschnitten verwendet:

Der erste Slalomtyp dient zur Verbesserung der Leinenführigkeit. Dabei laufen Hundeführer und Hund gemeinsam die Slalomstrecke. Dafür ist kein Kommando nötig, denn an der Leine soll der Hund stets auf seinen Hundeführer achten und seine Schrittfolge automatisch der seinen anpassen.

Bei der zweiten Slalomart läuft nur der Hund den Slalom, während der Hundeführer entweder rechts oder links entlang des Slalomabschnittes mit läuft. Als Kommando kann man z.B. **SLA...LOM** benutzen. Man beginnt stets von links, d.h. links neben dem Hund steht die erste Slalommarkierung. Mit **SLA** unterstützt man das Einfädeln nach links und **LOM** bedeutet rechts um die nächste Markierung usw. Die ersten Slalompassagen unterstützt man mit Leckerli. Später jedoch dient das Leckerli wieder ausschließlich der Belohnung nach erfolgreicher Absolvierung des gesamten Hindernisses. Als Slalommarkierungen nutzt man entweder nur Pylonen, die auf Grund der geringen Höhe für das Arbeiten mit Hunden an der Leine sehr angenehm sind, oder aber nur Slalomstangen bzw. abwechselnd Pylonen und Slalomstangen.

Diesen Slalom laufen Hundeführer und Hund gemeinsam. Dabei wird die Leinenführigkeit trainiert.

Wenn der Hund angeleint trainiert, eignen sich Pylonen besonders gut als Slalommarkierungen. Bei ihnen besteht keine Gefahr, hängen zu bleiben.

Da die Hunde bei den nachfolgend beschriebenen Übungen und Spielen in der Regel noch an der Leine arbeiten, sind die möglichen Geschwindigkeiten nicht mit professionellen Agilityturniergeschwindigkeiten vergleichbar, dennoch kann man die Slalombenutzung wie die „Profis" trainieren. Dann kann später der Hund seine Geschwindigkeit problemlos steigern.

Eine professionelle Methode zum Einüben des Slaloms ist die so genannte „V-Methode". Dabei werden ausschließlich Slalomstangen genutzt, die nicht senkrecht, sondern schräg, d.h. abwechselnd, in Form eines großen „V" in den Boden gesteckt werden. Dabei ist der Winkel zwischen den Stangen am Anfang noch ziemlich groß. Mit zunehmendem Training wird der Winkel verkleinert bis schließlich alle Stangen senkrecht stehen.

Eine zweite Methode sei der Vollständigkeit halber noch erwähnt. Dabei werden die Slalomstangen senkrecht, aber nicht in einer Reihe, sondern in zwei parallelen Reihen und versetzt in den Boden gesteckt. Mit zunehmender Übung der Hunde werden die beiden Reihen einander angenähert bis sie schließlich auf einer gedachten Linie stehen.

Beim Einüben des Slaloms gilt es ebenfalls, geduldig vorzugehen. Der Slalom ist eines der schwersten Agilityhindernisse. Deshalb sollte man seinem Vierbeiner ein angemessene „Einarbeitungszeit" gönnen.

Agilitykommandos und-geräte

Agilitykommandos und -geräte einüben und trainieren

1. Zu einer korrekten Ausführung der einzelnen Agilitygeräte gehört auch, dass die Benutzung der einzelnen Hindernisse nur dann erfolgt, wenn ein entsprechendes Kommando gegeben worden ist. Angenommen, Sie würden mit Ihrem Hund auf eine Hürde zugehen und nichts zu ihm sagen oder ein Kommando geben, das nichts mit dem Hürdensprung zu tun hat, so sollte er den Sprung nicht durchführen. Um dies zu üben, geht man auf die Hürde oder auch eines der anderen Geräte zu, und sagt kurz vorher z.B. **FUSS**. Dieses Kommando sollte der Hund zu diesem Zeitpunkt bereits gut kennen. Damit weiß er, jetzt muss ich akkurat bei Frauchen bzw. Herrchen laufen. Wenn dies gut klappt und Ihr Hund aufmerksam auf Ihr Wortkommando hört, können Sie die Übung in etwas abgewandelter Form wiederholen. Gehen Sie wieder auf eines der Hindernisse zu. Geben Sie jedoch diesmal kein Kommando. Nun ist keine spezielle Aktivität vom Hund gefragt. Er sollte deshalb das entsprechende Hindernis nicht beachten und weiter mit Ihnen am Gerät vorbei laufen.

   Dasselbe Trainingsziel kann man auch mit **SITZ**-Kommandos erreichen, die unmittelbar vor bestimmten Hindernissen (z.B. Tunnel, Slalom) gegeben werden. Man geht wieder auf das Hindernis zu, bringt den Hund ins **SITZ**, wartet einen Moment und sagt dann betont das entsprechende Kommando für das Hindernis. Das Lob gibt man hier erst nach der erfolgreichen Bewältigung des Hindernisses. Hindernisse, die einen gewissen Anlauf erfordern, wie z.B. der Tisch oder höhere Hürden sind für diese Übung ungeeignet.
2. Bei der Überwindung von Agilityhindernissen muss der Hund sowohl links als auch rechts von seinem Hundeführer arbeiten können. Deshalb wird er sowohl von links als auch von rechts an die einzelnen Geräte heran geführt.
3. Beim Arbeiten auf Distanz bringt man den Hund vor einem geeigneten Hindernis ins **SITZ/BLEIB** oder **STEH/BLEIB**. Der Hundeführer geht selbst – so weit die Leine reicht (eventuell auch mit langer Leine arbeiten) – hinter das Hindernis (z.B. Hürde). Nun wird der Hund mit dem entsprechenden Agilitykommando gerufen. Man könnte zwar auch **HIER** als Kommando gebrauchen, allerdings dürfte der Hund dann um das Hindernis herumlaufen.

   Beim Arbeiten auf Distanz sind Leinen natürlich hinderlich. Deshalb sollte man vorher genau überlegen, welche Agilitygeräte man tatsächlich für diese Distanzübungen verwenden kann. Einen Hund an der langen Leine eine Wippe und einen Laufsteg überwinden zu lassen, ist zu gefährlich und deshalb nicht zu empfehlen. Hier sollte man warten bis der Hund zuverlässig bei seinem Hundeführer bleibt, sodass auf Halsband und Leine verzichtet werden kann. Dann kann man auch **VORAUS**-Übungen unter Einbeziehung der Agilitygeräte trainieren.

Lob und Belohnung

Ein korrekt ausgeführtes Kommando, verdient Lob und/oder eine Belohnung. Dadurch erkennt der Hund, dass das, was er gerade gemacht hat, richtig war, und dass es sich lohnen könnte, es wieder zu tun. Es gibt verschiedene Möglichkeiten, wie man seinen Vierbeiner loben oder belohnen kann. Man kann ihn verbal, also mit Worten, loben. Dabei kommt es nicht so sehr auf das entsprechende Wort an („brav, fein, super, klasse, grandios"), sondern vielmehr auf den Tonfall. Ein brummig gestammeltes „brav" löst weniger Freude aus, als ein freundlich bis überschwänglich ausgedrücktes „du Schuft". Der richtige Ton macht die Bestätigung aus, die dem Hund einfach gut tut. Das verbale Lob kann durch ein liebevolles Streicheln unterstützt werden.

Allgemeines zu Lob und Belohnung

Die gesteigerte Form vom Lob ist die Belohnung. Belohnungen sind z.B. Leckerli oder auch ein gemeinsames Spiel mit einem Spielzeug. Belohnungen durch Leckerli werden ziemlich kontrovers diskutiert: Von grundsätzlichen Leckerligegnern, die argumentieren „Mein Hund soll auch dann funktionieren, wenn ich keine Leckerli in der Tasche habe!" oder „Meinem Hund kann es eine Freude sein, dass er mit mir arbeiten darf, da brauche ich keine zusätzlichen Belohnungen!", bis hin zu den überzeugtesten Leckerliverfechtern, die glauben, die Liebe ginge grundsätzlich nur durch den Magen – und schließlich würden sie auch nicht ohne Lohn arbeiten, gibt es fließende Übergänge. Wir halten den goldenen Mittelweg für richtig und denken, dass man zwischen verschiedenen Situationen unterscheiden muss. Beim Einüben eines Kommandos oder bei der Einführung eines neuen, noch unbekannten Agilityhindernisses bewirkt ein Leckerli als kleine Bestechung oder Lockmittel oftmals die Überwindung der Hemmschwelle. Es motiviert den Hund einen für ihn noch unbekannten Schritt zu machen. „Schließlich ist alles in Ordnung, wenn ich ein Leckerli bekomme, und ein bisschen Vertrauen habe ich schließlich auch. Mein Mensch wird schon nichts Unmögliches verlangen..."

Wenn der Hund nach ein paar erfolgreichen Aktionen verstanden hat, dass beispielsweise der Sprung über eine Hürde gar nicht so schwierig ist, baut er automatisch

Leckerli können ganz klein sein. Sie sollten Appetitanreger und keine Sattmacher sein.

Das Wichtigste über Lob und Belohnungen im Überblick

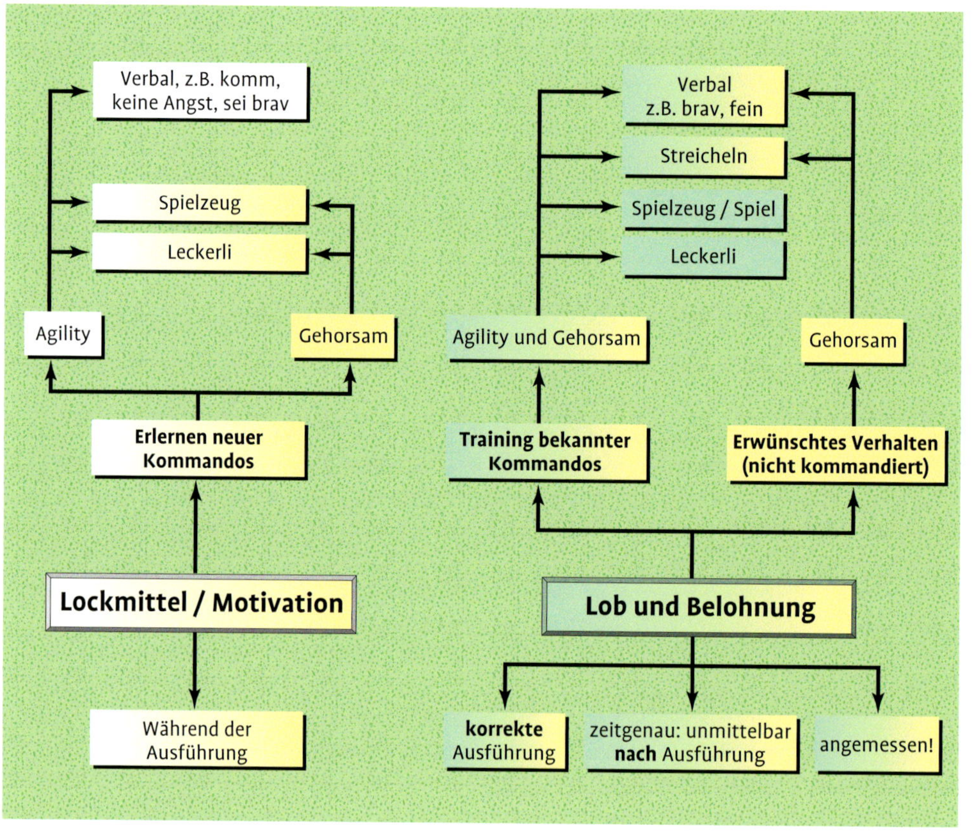

seine Hemmschwelle ab. Dann gibt man das Leckerli als wirkliche Belohnung nach „getaner Arbeit", also nachdem er das jeweilige Gerät bewältigt oder ein Kommando ausgeführt hat. Vorher lässt man das Leckerli nicht sehen.

Mit zunehmender Routine sollte man die Häufigkeit der Leckerligaben reduzieren. Es ist nicht mehr nötig und nicht empfehlenswert, jede Routineleistung zu belohnen. Im Gegenteil, wenn das Leckerli keine Garantieleistung ist, steigt die Spannung: „Kriege ich jetzt was, oder nicht? Na, vielleicht beim nächsten Mal!"

Gelobt bzw. belohnt wird nur, wenn eine Aktion korrekt ausgeführt worden ist. Zweit- oder gar drittklassige Kommandoausführungen verdienen kein Lob. Wenn der Hund sich erst nach dreimaliger Aufforderung in die sitzende Position begibt, sollte das besser ignoriert und keinesfalls belohnt werden. Nach einer kurzen Bewegungsrunde wird das Kommando wiederholt. Wird dann der Befehl sofort ausgeführt, so ist das Lob verdient.

Lob und Belohnung sollten stets der erbrachten Leistung angemessen sein. Hunde, die zuviel gelobt bzw. belohnt werden, stellen entweder ihre Ohren auf Durchzug, weil sie das ständige „super und fein und brav" usw. als unterschwelligen Gewohnheitston längst überhören; so wie wir bei ständiger Radiomusik hinterher nicht mehr sagen können, welchen Titel wir denn eigentlich gehört haben. Oder aber sie fordern die Leckerli regelrecht ein: „Wenn du willst, dass ich mich hinsetze, dann zeige mir erst mal, was ich dafür bekomme!". Es ist also besser, sparsam mit Lob und Leckerli umzugehen: soviel wie nötig, aber so wenig wie möglich – eben angemessen.

Sehr wichtig für ein Lob und eine Belohnung ist die zeitlich exakte Ausführung bzw. Übergabe. Sie muss unmittelbar nach der erwünschten Aktion stattfinden (beim Einüben eines neuen Kommandos ist das natürlich anders). Belohnungen, die zu spät erfolgen, werden nicht mit der entsprechenden Tat in Verbindung gebracht. Im Gegenteil, es sind sogar falsche Verknüpfungen möglich. Wenn z.B. der Hund einen Agility-Laufsteg perfekt bewältigt und dafür sein Lob redlich verdient hat, er aber, noch bevor der Hundeführer die Lobeshymne anstimmen konnte, bereits seinen vierbeinigen Mitstreiter im Parcours anknurrt, so besteht die Gefahr, dass er das zu spät einsetzende Lob mit der Knurraktion, nicht aber mit der Bewältigung des Hindernisses, in Verbindung bringt.

Für ein zeitlich exaktes Loben bzw. Belohnen hat sich das so genannte „Clickern" bewährt.

Der Clicker als Belohnungsgutschein

Ein Clicker besteht aus einem kleinen handlichen Plastikgehäuse, in dem ein Metallplättchen eingefasst ist (oben rechts). Bei leichtem Druck auf das Plättchen ertönt ein Click, der spezifisch für diesen einen Clicker ist. Dieses akustische Signal kann dem Hund stellvertretend für ein Lob oder eine Belohnung gegeben werden. Es ist gewissermaßen ein Gutschein, für den es etwas später dann ein Leckerli oder eine andere Belohnung gibt. Voraussetzung für ein erfolgreiches Clickertraining ist die vorherige so genannte Konditionierung des Hundes auf das Clickergeräusch. Das heißt, der Hund muss lernen, was der Click bedeutet; dass er das Lob ist und dass darauf verlässlich die Belohnung folgt.

Ein bisschen Clickergeschichte

Die Theorie zum „Clicker" geht auf die so genannte klassische Konditionierung von Pawlow zurück. Ivan Petrowitsch Pawlow lebte von 1849 bis 1936 in Russland und gilt als der berühmteste Physiologe seiner Zeit. Das in unserem Zusammenhang entscheidende Experiment wurde von ihm 1905 durchgeführt. Bei einem Hund wurde die Intensität des Speichelflusses als Reaktion auf bestimmte Reize gemessen. Zuerst wurde ihm Futter präsentiert, woraufhin er Speichelfluss als einen angeborenen Reflex zeigte („unbedingter Reiz"). Auf das Läuten einer Glocke reagierte er dagegen nicht mit Speichelfluss. Pawlow kombinierte die Futtergaben mit dem Läuten der Glocke und wiederholte diese Reizkombination einige Male. Schließlich reagierte der Hund auch ohne Futtergabe mit Speichelfluss auf den Glockenton. Diese Reaktion nannte Pawlow „bedingte Reaktion". Nach der Konditionierung ruft also ein an sich neutraler Reiz (Glockenläuten) eine Reaktion hervor, die vorher nur durch einen unbedingten Reiz (Futtergabe) ausgelöst werden konnte. Der Hund hat zwei Reize miteinander verknüpft.

Vor- und Nachteile des Clickers

Nun fragt man sich, welche Vorteile eine Verknüpfung zwischen Glockenton bzw. Click mit einem Lob bzw. einer Belohnung für die Hundeerziehung bringen kann?

Der wohl wichtigste Vorteil des „Clickens" besteht darin, mit ihm zeitlich exakter loben zu können als mit dem gesprochenen Wort. Zeitlich exakt zu loben bedeutet, haargenau im Moment der gewünschten Aktion – und auch nur dann – zu loben. Je zeitnaher der Click und damit die Belohnung erfolgt, desto besser! Ein um einige Sekunden verzögertes Lob wird nicht mehr mit der Aktion in Verbindung gebracht. Wenn Frauchen oder Herrchen das Leckerli nach einem erfolgreichen Hürdensprung erst in der Tasche suchen müssen, um es dem vierbeinigen Sportler geben zu können, wird dieser zwar erfreut sein und kaum ablehnen, doch kaum noch wissen können, wofür er das Naschwerk eigentlich bekommen hat. Das eigentlich verdiente Lob hat für ihn nicht stattgefunden. Im Gegenteil, es können sogar falsche Verknüpfungen stattfinden, wenn inzwischen andere Aktionen des Hundes passiert sind, die wir eventuell gar nicht wahrgenommen haben.

Zeitlich exakt zu loben, bedeutet nicht nur genau im Moment der gewünschten Aktion, sondern auch zeitlich begrenzt, nur in diesem kurzen Moment. Bei unserem verbalen Lob wird meist überschwänglich ausgeholt: „Na, das hast du aber prima gemacht, braver Hund, super, klasse..." Eine solche Lobeshymne braucht Zeit. Dabei kann dasselbe

Es gibt unterschiedliche Clicker mit verschiedenen Clicks.

"Prima, ich habe den Click gehört! Jetzt gibt es gleich was Leckeres."

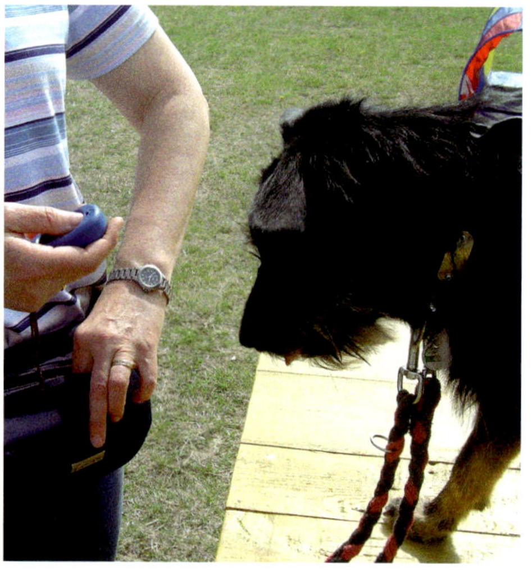

passieren, wie in dem Beispiel auf S. 29. Am Ende des Lobes mag der Hund so manches Mal nicht mehr wissen, warum er überhaupt so überschwänglich gelobt wurde.

Ein Clicker kann bei der Ausbildung gut in der Hand bleiben und ist damit bei Bedarf jederzeit einsetzbar. Leckerli, wie z.B. Bockwürstchenwürfel oder andere Fleisch- oder Käsestückchen sind in der Hand einerseits unangenehmer und andererseits sind sie – im Gegensatz zum geruchsneutralen Clicker – die Bestechung pur. Und von der Bestechung wollen wir ja nach dem Einüben eines Kommandos so schnell wie möglich wieder weg (siehe Allgemeines zu Lob und Belohnung, S. 27).

Einen weiteren Vorteil hat man beim Training auf Distanz. Wenn der Hundeführer und sein Hund auf Distanz arbeiten, kann zeitgenau bei bzw. nach der Ausführung des Kommandos geclickt werden und anschließend bekommt der Hund sein verdientes Leckerli.

Und noch ein Vorteil ist deutlich: Das Clicken ist emotionslos und unterliegt daher keiner Stimmungsschwankung. Wir sind dagegen nicht jeden Tag gleich guter oder schlechter Laune, deshalb ist auch unser Tonfall beim Lob veränderlich.

An dieser Stelle soll nicht versäumt werden, auch die häufig vorgebrachten Vorbehalte gegenüber dem Clicker zu erwähnen. Der oben beschriebene Vorteil der Emotionslosigkeit wird zuweilen auch als Nachteil empfunden. Schließlich wird der Hund darauf trainiert, aufmerksam auf seinen Clicker zu hören, nicht aber auf Frauchens bzw. Herrchens Stimme, die ihm doch eigentlich viel wichtiger sein müsste.

Eine weitere Gefahr besteht unserer Meinung nach in der fehlerhaften Anwendung, die zu fehlerhaften Verknüpfungen führen kann. Das Risiko, zum falschen Zeitpunkt zu clicken, ist deutlich höher, als das, an der falschen Stelle verbal zu loben. Da ein Click jedoch ein verlässlicher Gutschein sein soll, hat nach dem Click auf jeden Fall das Leckerli zu folgen, selbstverständlich auch dann, wenn der Hundeführer falsch geclickt hat.

Es ist schwierig einzuschätzen, ob die Vor- oder Nachteile überwiegen. Für das Einüben neuer Kommandos oder auch Tricks scheint ein Clicker sehr nützlich zu sein und auch

Der Trick mit dem Click – ein Click als Belohnungsgutschein

Der Clicker ist ein unterstützendes Mittel für die Erziehung durch positive Bestärkung.

Vorteile:

- Belohnung erfolgt zeitlich exakt,
- Belohnung ist zeitlich begrenzt,
- handlich, gut zu benutzen,
- ermöglicht Belohnung beim Training auf Distanz,
- emotionslos, unterliegt keiner Stimmungsschwankung,
- erleichtert das Einüben von Tricks.

Nachteile:

- Emotionslosigkeit, Hund konzentriert sich auf seinen Click und nicht auf die Stimme seines Frauchens bzw. Herrchens,
- Benutzung zum falschen Zeitpunkt kann zu falschen Verknüpfungen führen.

das Training kann mit seiner Hilfe wirkungsvoll unterstützt werden, doch alle nachfolgend beschrieben Übungen und Spiele können auch ohne ihn erfolgreich durchgeführt werden.

Der Start mit dem Clickertraining

Wie geht man vor, wenn man seinen Hund an den Clicker gewöhnen und mit dem Clicker trainieren möchte?

Der Hund muss einerseits wissen, was ein Click mit dem Clicker für ihn bedeutet, und der Hundeführer muss sich andererseits überlegen und entscheiden, mit welcher für den Hund positiven Sache (Belohnung) der Click am besten verknüpft werden soll. Die einfachste und effektivste Verknüpfung erreicht man mit Futter bzw. Leckerli, sofern der Hund kein „Kostverächter“ ist. Leckerli sind auch die am häufigsten benutzte Belohnungsart.

Die Belohnung mit einem kurzen Spiel mit dem Lieblingsspielzeug des Hundes ist auch möglich, aber doch deutlich schwieriger. Das Einüben eines Kommandos oder Tricks würde nach jedem Click durch das Spiel unterbrochen werden. Auch das kürzeste Spiel ist um einiges länger als das Geben eines Leckerlis, und es reißt den Hund jedes Mal aus seiner konzentrierten Arbeit heraus. Stressabbau in der Pause nach konzentrierter Arbeit ist beim Spielen durchaus beabsichtigt, aber als kleine und wiederholte Belohnung für zwischendurch ist das Spielen schwierig zu handhaben.

Als weitere Möglichkeit wäre noch das verbale Lob kombiniert mit einigen Streicheleinheiten zu nennen, das häufig wirkungsvoller ist als man denkt!

Man muss sich natürlich nach dem Hund richten, und danach, welche Belohnung ihn am meisten motiviert.

Da der Clicker üblicherweise mit Leckerligaben positiv verknüpft wird, wird die Clickerbenutzung in Kombination mit Leckerligaben beschrieben. Wenn Sie ihrem vierbeinigen Liebling ein Clickertraining schmackhaft machen wollen, so sollte seine Einführung nicht nach einer Mahlzeit erfolgen. Die Unternehmungslust des Hundes würde sich bei vollem Magen in Grenzen halten. Der Hund sollte auch nicht „ausgepowert“ sein, weil er vielleicht gerade eine Fahrradtour oder einen super langen Spaziergang gemacht hat. Man startet also besser mit einem etwas hungrigen und ausgeruhten Hund, der gerne seine Energie loswerden will. Begeben Sie sich mit ihm an einen für den Hund bekannten und ruhigen Ort, an dem er nicht abgelenkt wird. Clicken Sie einmal und geben Sie ihm sofort darauf ein besonders schmackhaftes Leckerli. Wiederholen Sie das Ganze mehrfach! Click – Leckerli, Click – Leckerli, Click – Leckerli. Zwischen den einzelnen Clicks wartet man jeweils wenige Augenblicke. Nach fünf bis zehn Clicks hat der Hund meistens begriffen, dass es nach dem ulkigen Geräusch jedes Mal etwas Leckeres gibt. Nun kann man zum nächsten Schritt übergehen.

Man denkt sich eine kleine und nicht zu schwere Aktion für den Hund aus, die er leisten soll, bevor man ihn mit dem Click belohnt. Beispielsweise soll er mit seiner Schnauze die geschlossene Hand anstupsen, die kein Leckerli enthält. Die andere Hand, die das Leckerli hat, soll dagegen nicht angestupst werden. Es dauert manchmal eine Weile bevor der Vierbeiner auf die Idee mit dem Anstupsen kommt, aber in der Regel beginnen die Hunde einiges auszuprobieren, um die Belohnung zu bekommen. Schließlich wird er die entsprechende Hand berühren. Manchmal geschieht das beim ersten Mal zufällig, dennoch clickt man genau in diesem Moment. Der Hund bekommt seine Belohnung. Das versucht man gleich nochmal. Diesmal dauert es mit Sicherheit nicht so lange wie beim ersten Mal.

Während der gesamten Übung redet man kein Wort! Es gibt kein Kommando! Es ist auch nicht nötig, den Hund aufzufordern, etwas Bestimmtes zu unternehmen. Er lernt ausschließlich durch Probieren. Sobald er mehr oder weniger zufällig das Richtige probiert hat, gibt es den Click auf dem das Leckerli folgt. Das prägt sich ganz schnell ein.

Zwei bis drei Mal im richtigen Moment geclickt reicht in der Regel aus, bis es beim Hund im wahrsten Sinne des Wortes auch „Click gemacht hat". Nun wird er zielgerichtet die Hand ohne Leckerli anstupsen, obwohl sie für ihn eigentlich völlig uninteressant sein müsste. Es steckt schließlich nichts Verlockendes drin und sie riecht auch gar nicht so attraktiv wie die andere. Trotzdem hat er gelernt, wie er sich ein Leckerli verdienen kann.

Ein neues Kommando wird eingeübt

Wenn der Hund einmal begriffen hat, dass jetzt wieder die Arbeit mit dem Clicker beginnt, wird er begeistert sein und so mancherlei versuchen, um den Click und damit seine Belohnung zu bekommen. Eine ideale Situation für Frauchen bzw. Herrchen. Man braucht ihn eigentlich nur mit etwas Geduld zu beobachten. Sobald in seinem Probierrepertoire eine Aktion enthalten ist, die zielgerichtet genutzt werden soll, so muss genau indem Moment der Ausführung geclickt werden. Sofort wird der Hund dieselbe Aktion noch einmal probieren, schließlich hatte sich ja gerade diese Aktion gelohnt. Wieder wird zeitgenau geclickt. Nun wird der Vierbeiner noch zielgerichteter an die Sache herangehen. Das ist die beste Gelegenheit, die entsprechende Aktion mit einem Wort zu verknüpfen, das später das entsprechende Kommandowort wird. Auch dies wird mehrfach wiederholt. Der Hund führt die Aktion durch, genau in diesem Moment sagt man das ausgedachte Kommandowort und nach Ausführung der Aktion kommt sofort der Click. Nach mehreren Wiederholungen gibt man nun zuerst das neue Kommandowort und wartet auf die Ausführung, wofür es selbstverständlich den ersehnten Click gibt.

Bei dieser Clickeranwendung zum Einüben neuer Kommandos kann man besonders gut sehen, wie wichtig es ist, zeitgenau zu loben bzw. zu clicken. Sobald der Clicker versehentlich auch nur wenige Sekunden zu spät eingesetzt wird, so wird der Hund möglicherweise eine spätere Aktivität wiederholen. Er wird ziemlich irritiert sein, wenn die seiner Meinung nach identische Aktion nicht zum Erfolg führt.

Der richtige Zeitpunkt für den Click

Es ist schon mehrfach erwähnt worden, dass es sehr wichtig ist, zeitlich exakt zu loben bzw. zu belohnen. Die ersten fünf Sekunden sind entscheidend. Wann genau ist nun aber der richtige Zeitpunkt für den Click? Wenn der Hund im Begriff ist, die gewünschte Aktion durchzuführen, wenn er gerade die Aktion durchführt oder wenn die Aktion gerade beendet worden ist? Außerdem dauern die verschiedenen Handlungen unterschiedliche lange. Beim Kommando **BLEIB** beispielsweise kann der Hund minutenlang „beschäftigt" sein, in einer bestimmten Position zu warten, bis sein Zweibeiner ihn abruft, bzw. das Kommando auflöst. Wann ist da der richtige Moment zum Click? Oder beim Heranrufen unseres freilaufenden Hundes, der vielleicht 10 oder sogar 20 Meter von uns weg am Wegesrand geschnuppert hat? Soll man ihn während des Herankommens loben, oder wenn er angekommen ist, oder wenn er wieder davon stürmen darf? Ebenso wichtig ist der Zeitpunkt des Clicks für das Training an den Geräten. Clickt man am Anfang des Laufstegs oder während der Hund darüber läuft oder wenn er das Gerät abgearbeitet hat? Clickt man nach jedem Gerät und Hindernis oder nach jedem zweiten oder wie oft?

Man muss stets zwischen der Situation des Einübens eines neuen Kommandos oder einer Aktivität und des Trainings bereits bekannter Kommandos unterscheiden. Beim Einüben von neuen Aktivitäten muss der Click genau im Moment der Aktivität erfolgen. Im Kapitel über die Kommandos ist bereits ausführlich über die verschiedenen Möglichkeiten zum Einüben berichtet worden. Sicher waren diese Methoden bereits erfolgreich und der Hund kann diese einfache Aktion längst perfekt. Dennoch bietet sich gerade dieses einfache Kommando zur Erläuterung an. Also, nehmen Sie mal an, Ihr

Hund hätte noch nie etwas vom Kommando **SITZ** gehört, und Sie wollen ihm dies nun mit Hilfe der Clickertechnik beibringen. Nach allem, was Sie bisher über die Clickertechnik gehört bzw. gelesen haben, wissen Sie, dass Sie sich in Geduld üben und Ihren Hund in gewohnter Umgebung gewähren lassen müssen. Warten Sie einfach, bis er sich hinsetzt. Genau indem Moment, indem sein Po den Boden berührt, wird geclickt.

Stellen Sie sich vor, dass Ihr Hund das Kommando **SITZ** bereits gut kennt, und es prompt ausführt, wenn Sie es zu ihm sagen. Jetzt gibt man den Click nicht im Moment des Hinsetzens, sondern erst dann, wenn das Kommando aufgelöst werden soll. Man lässt also den Hund so lange sitzen bis man der Meinung ist, nun kann er aufstehen. Jetzt wird geclickt und dies bedeutet sowohl „prima, fein gemacht, hier hast du dein verdientes Leckerli!“ als auch „du kannst nun aufstehen, wenn du möchtest“. Sollte der Hund auch nach dem Click sitzen bleiben, ist das natürlich in Ordnung. Der Click funktioniert wie ein Auflösungskommando (siehe hierzu Kommandos und ihre Auflösung, S. 6).

Beim Kommando **BLEIB** verfährt man ähnlich. Der Click erfolgt erst dann, wenn das Kommando als vollständig ausgeführt betrachtet wird und beendet werden kann.

Beim Heranrufen des Hundes clickt man in der Phase des Einübens dann, wenn der Hund beim Hundeführer angekommen ist. Wenn man vorher clickt, kann es passieren, dass der Hund nach dem Click abbiegt und nicht heran kommt. Die Wahrscheinlichkeit dafür ist zwar nicht besonders hoch, denn schließlich will er ja sein Leckerli und dafür muss er nun mal zu Frauchen bzw. Herrchen, doch „erziehungstechnisch“ wären Weglaufen oder auch Stoppen nach dem Click die Folge des falschen Clickereinsatzes.

Später, wenn das Herankommen schon richtig gut klappt, wird erst dann geclickt, wenn der Hund wieder von uns weg auf seine nächste „Freilauftour“ darf.

Beim Überwinden der Agilitygeräte ist es am besten, wenn man unmittelbar nach der perfekten Benutzung bzw. Überwindung der Geräte oder Hindernisse clickt. Bei den Kontaktzonengeräten könnte dies der Kontakt des Hundes mit der zweiten Kontaktzone des Gerätes sein. Beim Slalom clickt man, nachdem die letzte Stange passiert worden ist, bei Hürden die Berührung des Bodens nach dem Sprung und bei allen Tunneln der Moment des wieder Herauskommens. Bei Geräten, die zwei zusammengesetzte Handlungen verlangen, empfiehlt es sich in der Phase des Einübens jede gute Einzelausführung zu clicken. Eine solche Gerätekombination wird beim Tisch und bei der Box abverlangt. Zuerst sollen die Hunde raufspringen bzw. hereingehen. Anschließend sollen sie im **SITZ/PLATZ/STEH** für einige Sekunden warten. Es ist also am besten, zuerst den Sprung auf den Tisch bzw. das Hereingehen in die Box zu belohnen und ebenso die nachfolgend ausgeführten Kommandos (**SITZ**, **PLATZ** oder **STEH**). Später genügt dann der Click nach der kompletten „Abarbeitung“ von Tisch bzw. Box. Je weiter das Training fortgeschritten ist, umso seltener wird nach jedem einzelnen Gerät geclickt. Man verfährt vielmehr so wie im Kapitel „Allgemeines zu Lob und Belohnung“ (s. S. 27) beschrieben worden ist – sparsam und angemessen. In diesem Fall nach der korrekten Bewältigung einer für den Hund besonderen Herausforderung. Das bedeutet, dass man auch wieder der Individualität des Hundes gerecht werden muss. Ein Hund, der mit Karacho durch den Tunnel prescht, weil er den schon lange kennt und liebt, braucht dafür keinen Click. Ein ängstlicher Typ dagegen, den es anfangs tatsächlich etwas Überwindung kostet, durch die dunkle Röhre zu marschieren, sollte natürlich seinen Click bekommen.

Spielen als Belohnung

Während der Ausbildung bzw. bei unseren Übungen und Spielen müssen sich Hund und Führer konzentrieren. Das ist anstrengend und stressig. Deshalb sind von Zeit zu Zeit kleine Erholungspausen erforderlich, in denen das Mensch-Hund-Team spielen kann. Beim Spielen ist der Hund körperlich aktiv. Diese Bewegung fördert den Stressabbau. Damit ist das Spiel ein guter Ausgleich zur konzentrierten Arbeit. Als Spielzeuge eignen

Spielen ist Belohnung und Entspannung zugleich.

sich z.B. Bälle, an denen ein stabiles Band befestigt ist, oder andere handelsübliche Spielzeuge in einer dem Hund angemessenen Größe. Sie sollten keine Verletzungsgefahr darstellen und gut von Hundeführer und Hund festgehalten werden können (siehe oben).

Man kann häufig die Erfahrung machen, dass insbesondere neue Hundeplatzbesucher in den Pausen kein Spiel mit ihrem Hund zustande bringen und oftmals sagen sie, dass ihr Hund auch zu Hause, also in der gewohnten Umgebung, nicht am Spiel interessiert sei. Schließlich will auch das Spielen gelernt sein. Hunde, die es nicht gewohnt sind, wissen oftmals nicht, was sie mit dem Spielzeug anfangen sollen. Zudem ist die Ablenkung auf einem Ausbildungsplatz besonders für Anfänger bzw. Neueinsteiger sehr hoch. Diese Hunde interessieren sich noch viel mehr für ihre Artgenossen und alle sonstigen Geschehnisse. Da kann ein Spielzeug nicht mithalten.

Um den Hund zum Spielen zu motivieren, beginnt man am besten in seiner vertrauten Umgebung. Wenn man das auserwählte Spielzeug bis zu seiner ersten Benutzung zusammen mit dem Futter aufbewahrt, dann riecht es schon mal interessant und weckt vermutlich schon seine Neugierde. Bei der ersten Benutzung des Spielzeugs kommt es vor allem darauf an, dass man beim Hund Interesse für das Spielzeug weckt. Bei scheinbar desinteressierten Hunden gelingt es oft durch kurzes Zeigen und/oder Anstupsen des „Spielmuffels“ mit dem Spielzeug oder aber durch Hochwerfen, schnellen Hin- und Herbewegungen mit motivierender Stimme die Aufmerksamkeit zu wecken. Sobald der Hund Interesse zeigt, lässt man das Spielzeug verschwinden, und räumt es bis zum nächsten Mal an einen für den Hund nicht zugänglichen Ort. Das Ganze wiederholt man täglich mit dem Ziel, das Interesse unseres Hundes am Spielzeug zu steigern. Sobald sich diese Tendenz einstellt, können die Spielzeiten natürlich ausgedehnt werden.

Das Spiel sollte stets beendet werden, bevor der Hund sein Interesse am Spielzeug verliert. Dadurch bleibt das Spielzeug sehr begehrt und das gemeinsame Spiel mit Frauchen bzw. Herrchen ersehnt. Leider lässt sich dieser erarbeitete Spieleifer in aller Regel nicht sofort und gleichwertig auf eine fremde Umgebung übertragen. Es ist völlig normal, wenn der Vierbeiner auf dem Hundeplatz durch die Ablenkung sein Spielzeug zunächst ignoriert. Den Hundebesitzern bleibt dann nichts anderes übrig, als denselben Lernprozess mit ihren Hunden noch einmal zu durchlaufen. Diesmal wird es aber schneller gehen, denn mit jedem Besuch wird auch die Hundeplatzumgebung mit ihren Teilnehmern vertrauter für den Hund. Er wird sich deshalb schnell wieder auf sein inzwischen lieb gewordenes Spielzeug konzentrieren. So aufgebaut empfindet der Hund die Spielpausen als eine richtige Belohnung.

Das Wegräumen des Spielzeugs, noch bevor der Hund die Lust am Spiel verloren hat, festigt auch die Stellung des Hundehalters als „Rudelführer“. Er ist es, der über Beginn und Ende des Spiels entscheidet.

Sollte während des Spieles der Hund die Lust verlieren und sich abwenden wollen, so sollte man unbedingt probieren, noch einmal kurzfristig sein Interesse zu wecken, und ihm erst dann das Spielzeug entziehen. Damit wird das Interesse an dem Spielzeug aufrechterhalten.

Gelegentlich spielen Hunde zu wild. Sie mögen das Spielzeug als ihre Beute betrachten, die es zu erobern und zu bewachen gilt. Sie schnappen unvermittelt nach dem Spielzeug ohne darauf zu achten, ob sie das Spielzeug selbst oder die Hand von Frauchen erwischt haben. Bei diesen Spielenthusiasten sollte man das Spiel mehrfach unterbrechen. Es ist immer darauf zu achten, dass man dem Hund jederzeit das Spielzeug entziehen kann. In der Regel ist es ausreichend, wenn man zur Spielunterbrechung nach dem Spielzeug greift, es für wenige Augenblicke ruhig festhält und ein Kommando wie AUS mit strenger Stimme gibt. Eine kleine Gehorsamsübung an dieser Stelle, die bei perfekter Ausführung mit dem Weiterspielen belohnt wird, ist für den Hund das Größte: Spiel, Spaß und Spannung.

Belohnung für gutes Verhalten

Wir Menschen haben hinsichtlich des Verhaltens unserer Vierbeiner bestimmte Erwartungen. Verhält sich der Hund, wie von uns erwünscht, werden sie erfüllt. Ein Hund kann dagegen nicht zwischen positiven und negativen Verhaltensweisen unterscheiden. Das heißt, wir Menschen sind diejenigen, die den Maßstab festlegen und müssen daher unserem Hund lehren, was wir von ihm erwarten, und was er unterlassen soll. Dabei sind liebevolle Konsequenz und Geduld gefragt. Wie in unserem Kapitel über die Kommandos (s. S. 6) bereits ausgeführt, ist es relativ einfach, einem Hund eine aktive Handlung bzw. Hindernisbewältigung beizubringen. Schwieriger wird es mit einer Aufforderung zur Unterlassung einer Aktion. Angenommen der Hund ist bereits mehrfach über eine Hürde gesprungen und soll es beim nächsten Herangehen unterlassen. Obwohl er den Sprung bereits „geistig geplant“ hat, darf er ihn ohne das entsprechende Kommando nicht ausführen. Anstelle eines **„SPRING-NICHT“**-Kommandos ist es besser, das Unerwünschte in Erwünschtes umzulenken. Damit unterbleibt automatisch die nicht gewollte Aktivität. Das ist nicht nur relativ einfach zu handhaben, sondern verschafft dem Hund bei guter Ausführung sogar ein Erfolgserlebnis mit entsprechender Belohnung. Eine analoge Strategie bietet sich auch für die Erziehung zu erwünschtem Verhalten an.

Der aufmerksame Hund lässt sein Frauchen nicht aus den Augen.

Verhaltensweisen, die mit den beschriebenen Übungen und Spielen trainiert werden sollen, sind vor allem Aufmerksamkeit und Konzentration der Hunde ihren Führern gegenüber sowie das soziale Verhalten gegenüber Artgenossen.

Ein Hund ist auf Grund seines Arterhaltungstriebes von sich aus bereits außerordentlich aufmerksam und beobachtet seine Umwelt sehr genau. Schließlich gilt es eventuelle Feinde frühzeitig auszumachen, potentielle Partner zu erspähen und sich Futterquellen nicht entgehen zu lassen. Diese Art der Aufmerksamkeit ist in unserem Zusammenhang jedoch nicht gefragt. Feinde gibt es auf dem Ausbildungsplatz nicht, ob und welche Partner zu welchem Zeitpunkt in Frage kommen, entscheidet der Mensch, und die Futterbesorgung hat der Hundebesitzer übernommen. Stattdessen wird vom Hund erwartet, dass er sein mehr oder weniger stark ausgeprägtes instinktives Verhalten umlenkt und seinem Führer gebündelte Aufmerksamkeit entgegen bringt. Das ist eine riesige Herausforderung für ihn, die zu aller-

Frauchens Freude ist ein schönes Lob für mich.

erst Vertrauen zum Hundeführer erfordert. Nur bei intakter sozialer Bindung zwischen Hund und Hundeführer kann sich der Hund beruhigt auf seine sportliche Aufgabe konzentrieren. Wenn es Ihnen also gelingt, die Aufmerksamkeit Ihres Hundes Ihnen gegenüber zu schulen, dann gelingt es Ihnen gleichzeitig, die soziale Bindung Ihres Hundes zu Ihnen zu festigen.

Lob und Belohnung spielen für das Trainieren von Aufmerksamkeit bzw. Konzentration eine große Rolle. Man verfährt dabei so, wie für die aktive Kommandoausführungen (s.S. 8) beschrieben wurde. Man schafft eine Situation, in der der Hund aufmerksam ist. Diese Aufmerksamkeit wird zeitgenau gelobt. Ein passendes Beispiel liefert das Training zur Leinenführigkeit. Es ist für den Hund recht schwer, seine Schrittfolge der menschlichen anzupassen. Es kann ihm nur gelingen, wenn er sich auf die Schrittfolge seines Menschen konzentriert. Zum Training bieten sich häufige Richtungs- und Tempowechsel an. Automatisch wird der Hund seinen Führer sehr genau beobachten, denn man weiß ja nie, wann es wieder in die Gegenrichtung geht. Genau in dem Moment, wenn er Sie ansieht und Sie ganz aufmerksam verfolgt, ist das Lob fällig. Streicheln Sie über seinen Kopf, was bedeutet: „Prima gemacht, so will ich es haben, mach weiter so." Dieses Lob wird Ihren Hund motivieren, denn schließlich will er eigentlich nicht mehr, als Ihnen gefallen.

Die Aufmerksamkeit des Hundes seinem Führer gegenüber ist der Schlüssel für das Verhalten, das wir Menschen uns von ihm wünschen. Das gilt ebenso für das Training des Sozialverhaltens anderen Hunden gegenüber. Es ist unzureichend, sich auf das Unterbinden von Aggressionen beschränken zu wollen. Vielmehr versucht man Situationen zu schaffen, die den Hund nicht überfordern, und in denen er seinem Hundeführer seine ungeteilte Aufmerksamkeit schenken kann, sodass er durch Lob und eventuelle Belohnung schrittweise daran gewöhnt werden kann, auch Stresssituationen gelassen zu meistern (siehe auch Wenn Hunde sich nicht vertragen, S. 37).

Extrem wichtig in diesen Situationen ist die zeitlich exakte Belohnung. Der Moment der Aufmerksamkeit kann außerordentlich kurz sein. Zu spät einsetzendes Lob verfehlt die Absicht. Der Hund versteht nicht mehr, wofür er gelobt wird.

Wenn Hunde sich nicht vertragen

Hundebegegnungen sind leider nicht immer freundschaftlicher Natur. Oft genug „feinden" sich angeleinte Artgenossen schon auf Entfernung gegenseitig oder einseitig an. Die Ursachen für diese Stänkereien können dabei genauso vielfältig sein wie die Reaktionen der Hunde selbst. Das individuelle Verhalten des Hundes ist bei der Einschätzung der jeweiligen Situation zu berücksichtigen. In diesem Zusammenhang soll nur auf grundsätzliche Verhaltensmuster eingegangen und einige Vorschläge zur Linderung bzw. Behebung aufgezeigt werden.

Ursachen von Aggression

Werfen wir zunächst einen Blick auf die möglichen Ursachen für die scheinbaren Rivalitäten zwischen angeleinten Hunden. Die Leine ist eine Verbindung zwischen Hundeführer und Hund und vermittelt dem Hund oft genug eine unheimliche Bestärkung. So mancher Hundezwerg mutiert da schon mal zur Dogge. Pfiffi fühlt sich einfach stark und zeigt ungeschminkt, was – seiner Meinung nach – in ihm steckt, obwohl es mit seiner eigenen Stärke nicht weit her ist. Vielleicht will er ja damit nur seinem Frauchen bzw. Herrchen gefallen? Er glaubt, er würde sich heldenhaft für sie oder ihn in den Kampf werfen und kann gar nicht verstehen, wenn das nervt.

Vielleicht will er aber nur unbedingt seinen Hundekumpel begrüßen und reagiert frustriert, wenn ihm dies nicht gestattet wird?

Dominanzgebärden können auch durch Rivalitäten zwischen Geschlechtsgenossen und/oder einfaches gegenseitiges „Nicht leiden können" zustande kommen.

Hunde, die bei Begegnungen mit Artgenossen „völlig von Sinnen" reagieren, müssen nicht zwangsläufig aggressiv sein. Oft genug ist Angst mit ihm Spiel. Möglicherweise hatte einer der Hunde bereits schlechte Erfahrungen gemacht, weil er vielleicht früher schon mal in eine Beißerei verwickelt war. Diese Erfahrung könnte er mit jeder weiteren Begegnung assoziieren.

Für das Verhalten des Hundes spielt der Respekt vor dem Hundeführer eine wichtige Rolle: Wenn der Hund glaubt, er sei „der Herr im Haus", weil er immer wieder die Erfahrung machen konnte, dass sich alles um ihn dreht und, dass er öfter das Zepter in die Pfote nehmen kann, dann wird er auch bei der Hundebegegnung seine Stärke ausspielen. Das wirkungsvollste Gegenmittel kann nur eine konsequente Erziehung in allen Bereichen sein. An verschiedenen Stellen der vorangegangenen Kapitel (s.S. 6,27) wurde auf einige Dinge schon eingegangen, die hier zusammengefasst und ergänzt sind: einmal ausgesprochene Kommandos müssen auch ausgeführt werden, jedes Lob und jede Belohnung sollen der Leistung angemessen sein, der Hundeführer beginnt und beendet das Spiel und ist jederzeit „Herr der Situation", er ist es auch, der bestimmt, wann geschmust wird und wann nicht, einmal erklärte Tabuzonen in Haus und Hof bleiben für den Hund gesperrt usw.

Bewegung statt Aggression

Unabhängig von den beschriebenen Ursachen für Hundeanfeindungen sind diese immer störend, insbesondere wenn man einem Gruppensport nachgehen möchte. Deshalb

Durch das wiederholte aneinander Vorbeigehen mit ausreichendem Abstand, werden kontrollierte Konfrontationssituationen geschaffen und bewältigt. Durch diese Übungen wird das Sozialververhalten der Hunde verbessert.

sollte man im Sinne aller zwei- und vierbeinigen Teilnehmer Abhilfe schaffen.

Stresssituationen, egal ob durch Aggressivität oder Angst hervorgerufen, kann der Hund nur durch Bewegung wieder abbauen. Sie kommt seinem Drang als Lauftier am nächsten und wird damit zu seinem besten und wichtigsten „Werkzeug" im Stressabbau. Im Ruhezustand verstärkt sich dagegen die Angst und der Hund kann auf seine ihm eigene „kreative Art" neue Dummheiten entwickeln. Aus dieser Kenntnis heraus, ergibt sich die wichtigste Regel für das Bewältigen jeder Stresssituation, wie z.B. einer unfreundlichen Hundebegegnung: Der Hund muss immer in Bewegung sein bzw. bleiben. Dabei sollte die Leine lang gehalten werden. Sie muss allerdings kürzer sein als die Distanz zum anderen Hund. Die Vermutung, den Hund an der kurzen Leine besser unter Kontrolle zu haben, ist falsch. Der Hund könnte die Nähe seines Führers wieder als Bestärkung werten, was seine Aggression steigert. Sehr ängstliche Hunde würden bei zweifelhaften Begegnungen von sich aus die Nähe ihres Führers suchen und bei ausreichender sozialer Bindung neben ihm laufen.

Schon beim Herannahen eines entgegenkommenden Hundespaziergängers empfiehlt es sich, die Schrittfolge zu erhöhen und die stressige Begegnung zügig zu durchlaufen. Wenn bekannt ist, dass der Hund ausgesprochen hysterisch auf andere Hunde reagiert, so sollte man zunächst etwas ausweichen und dem anderen Hund in angemessener Entfernung begegnen. Die Distanz zwischen den Hunden sollte gerade so groß sein, dass die Hunde die Situation gut meistern können. Da die Reaktion der Hunde stark unterschiedlich sein kann, ist jeweils der stärker reagierende Hund für die Wahl der geeigneten Distanz ausschlaggebend. Wenn ein Hund merkt, dass er für sein gutes Verhalten nach der Begegnung gelobt wird, bestärkt ihn das, dieses Verhalten auch bei geringerer Entfernung beizubehalten. Das Lob findet stets nach Bewältigung der Stresssituation statt.

Um negativen Situationen dauerhaft zu begegnen, muss man diese immer wieder herstellen bzw. sie aufsuchen. Ihnen aus dem Weg zu gehen, würde das Fehlverhalten des Hundes steigern. Man kann also Probleme bei der Begegnung von Hunden nur lösen, indem man immer wieder die entsprechende Begegnungssituation herstellt. Beim Training auf dem Ausbildungsplatz gehen dabei zwei oder mehrere Teilnehmer zügig in angemessenem Abstand mit locker durchhängender Leine aneinander vorbei. Dies wird mehrfach wiederholt. Reagieren die Hunde dabei wie erwünscht, so wird mit jeder Begegnung der Abstand zwischen den Hunden verringert. Aus Sicherheitsgründen muss darauf geachtet werden, dass die Leinenlänge deutlich kürzer ist als der Abstand der beiden Hunde zueinander, sodass bei eventuellen „Ausrastern" die Hunde nicht aneinander gelangen können. Wenn es zu den erwähnten unerwünschten Reaktionen kommt, hat man den Abstand zwischen den Hunden zu schnell verringert oder aber nicht für die notwendige Bewegung gesorgt. In jedem Fall muss man den Abstand wieder vergrößern und von Neuem beginnen. Durch immer wiederkehrende, bewusst herbeigeführte Konfrontation der Hunde kann man die „Übeltäter" sowohl aneinander als auch an die Situation der Hundebegegnung an sich gewöhnen.

Die kontrollierte Konfrontation der Hunde miteinander ist ein wesentlicher Bestandteil der nachfolgend beschriebenen Übungen und Spiele. Sie verbessern das Sozialverhalten der Hunde nicht nur auf dem Hundeplatz, sondern auch im täglichen Leben.

Übungen und Spiele

Nachdem in den vorangegangenen Kapiteln wichtige Prinzipien zur Hundeerziehung zusammengefasst wurden, wird in den folgenden Kapiteln beschrieben, wie man diese in verschiedenen Gruppenübungen und -spielen trainieren kann. In einer Gruppe Gleichgesinnter zu üben hat viele Vorteile. Das Sozialverhalten der Hunde kann beispielsweise nur durch den ständigen Kontakt mit Artgenossen trainiert werden. Außerdem können die Hundeführer und -liebhaber all ihre Erfahrungen austauschen. Es gibt schließlich eine Menge über Bello und Co. zu berichten: was er alles gelernt hat, was er gerne frisst oder so gar nicht mag, wann es die letzte Spritze gab, welcher Tierarzt zu empfehlen ist, wie er sich im letzten Urlaub benommen hat, usw. Dabei können sich so manche tierisch gute Freundschaften entwickeln. Nicht zu vergessen ist auch der Vorteil eines festen Termins, zu dem man sich trifft. Ein eventueller innerer „Schweinehund", der das für heute geplante Training doch lieber auf Morgen verschieben möchte, hat gar keine Chance! Die Teilnehmer motivieren sich gegenseitig und entwickeln oftmals einen erfreulichen Ehrgeiz, der ihren Hunden zugute kommt.

Die im Folgenden beschriebenen Übungen und Spiele können in den verschiedensten Gruppen durchgeführt werden: in einer kleinen, ganz privaten, mit den Nachbarn organisierten Gruppe, oder auch in Hundeschulen und Vereinen. Gebraucht wird nur etwas Eigeninitiative für die Anschaffung einiger Geräte, eine geeignete Unterstellmöglichkeit für sie und ein freier Platz für die Durchführung der Übungen und Spiele. Eine Platzgröße von ca. 20 x 40 Metern ist ideal.

Ein paar Regeln müssen sein

Von Anfang an sollten Regeln für die Sicherheit und Sauberkeit aufgestellt werden. Über diese sollte auch jeder hinzukommende Interessent so schnell wie möglich informiert wird. Das erspart jedem Teilnehmer ungewollte Missverständnisse.

Wenn Sie als Hundeführer zum ersten Mal einen Hundeplatz aufsuchen, empfiehlt es sich, mindestens 15 Minuten vor Beginn der Ausbildung auf dem Platz zu erscheinen. Ihr Hund kommt in eine fremde Umgebung, in der es aufregend nach anderen Hunden riecht; er trifft auf viele fremde Menschen und Hunde und braucht daher ein „Eingewöhnungsschnüffeln". Ein kleiner Spaziergang außerhalb des Geländes tut nicht nur ihm als Anfänger, sondern allen Teilnehmerteams gut. Dabei können sich die Hunde lösen, sodass dieses „Geschäft" nicht auf dem Ausbildungsplatz erledigt werden muss. Der Ausbildungsplatz soll stets sauber gehalten werden. Auch die Geräte dürfen von Rüden nicht markiert werden. Sollte es dennoch passieren, so muss das Gerät vom Hundeführer mit Wasser abgespült werden.

Bis zu Beginn der Ausbildung ist es am besten, wenn Sie mit ihrem angeleinten Hunden auf dem Platz umherlaufen und nicht stehen bleiben. Wenn der Hund in Bewegung ist, kann er sich am besten an die neue Situation gewöhnen (siehe auch Wenn Hunde sich nicht vertragen, S. 37).

Das Wichtigste für die Ausbildung ist immer die Sicherheit für Mensch und Hund. Deshalb führt jeder seinen Hund beim Betreten des Ausbildungsplatzes an der Leine. Und auch später ist das Ableinen des Hundes nur nach Rücksprache mit einem Hundetrainer gestattet. Dieser macht seine Entscheidung vom jeweiligen Hund und der entsprechenden Situation auf dem Platz abhängig.

Alle für die Ausbildung eingesetzten Geräte müssen sicher sein. Die Oberflächen von Geräten über die die Hunde laufen sollen (wie z.B. Wippe, Laufsteg, Bank) müssen rutschfest sein. Die Maße der Agilitygeräte sollten dem üblichen Standard entsprechen. Dabei ist selbstverständlich auch die jeweilige Hundegröße zu berücksichtigen.

Die Verantwortung für den Hund liegt bei seinem Hundeführer, also bei Ihnen. Wenn Sie bemerken, dass die Konzentration Ihres Hundes während der Ausbildung nachlässt, dann fordern Sie ihn noch einmal mit einem ihm vertrauten Kommando zu einer kurzen Aktion auf. Bei guter Ausführung wird er gelobt und kann so motiviert und mit positivem Eindruck in eine Spielpause gehen, bis er sich wieder erholt hat. Die Ausbildung soll Spaß machen und nur positiven Stress verursachen, nicht aber zu anstrengend sein. Je nachdem, wie lange die Hunde schon trainiert werden, sind mehr oder weniger lange Pausen erforderlich. Zwei bis drei kurze Pausen in einer Stunde sind die Regel.

Achten Sie darauf, dass der Umgang mit den Hunden stets freundlich und motivierend erfolgt. Schmerzbereitende Druckmittel sind generell abzulehnen.

Checkliste für den Hundeplatzbesuch

Diese Checkliste fasst zusammen, woran Sie als Hundeführer denken bzw. was sie mitnehmen sollten.

1. Outfit

Der Hundeführer braucht bequeme und möglichst eng anliegende Kleidung, um an keinem der Geräte hängen zu bleiben. Das ideale Outfit für den Hund ist das NICHTS, d.h. weder Halsband noch Leine werden benutzt. Dies wäre auch eine absolute Bedingung für die Teilnahme an Agilityturnieren. Aber auch Turnierchampions haben mal das kleine Einmaleins gelernt, und mit einem nicht zu schmalen Leder- oder Nylonhalsband und einer „normalen" Leine begonnen. Die Leinen sind üblicherweise 2 Meter lang und werden doppelt eingehakt. Daraus ergibt sich ein maximaler Hund-Mensch-Abstand von 1 Meter. Bei einigen Übungen kann die Leine auch einfach verwendet werden, um dem Hund mehr Spielraum zu geben. Kettenhalsbänder sind nicht die erste Wahl für einen bequemen „Hundedress", können aber verwendet werden, wenn sie beim Absolvieren der Geräte aus Sicherheitsgründen nicht „auf Zug" gestellt sind.

2. Leckerli

Als Leckerli sind gekochtes und klein geschnittenes Fleisch empfehlenswert. Bockwürstchen oder Käse werden auch gerne genommen. Sie sollten aber nicht zu salzig sein. Trockenfutter bietet sich nicht an, da die Hunde relativ lange mit dem Kauen beschäftigt sind, bevor sie an die nächste Aufgabe „denken" können. Die Leckerli für den Hund müssen im Bedarfsfall schnell zur Hand sein. Wenn die Kleidung keine geeignete Tasche aufweist, empfiehlt es sich ein Bauchtäschchen zu benutzen, in dem man alles Nötige verstauen kann, ohne dabei seine Bewegungsfreiheit einzubüßen.

3. Spielzeug

Das Spielzeug für den Hund darf keine Verletzungsgefahr darstellen. Es sollte stabil und so beschaffen sein, dass Hund und Hundeführer gut anfassen und daran ziehen können.

4. Wasser

Es empfiehlt sich etwas Wasser für den Hund und einen Napf, aus dem er trinken kann, mitzunehmen. Außerdem sollte immer etwas Wasser zum Abspülen der Geräte vorhanden sein, falls einer der vierbeinigen Sportler das Markieren nicht unterlassen kann.

5. Tüten

Die Tüten sind für eventuelle Entsorgungen von Hundekot bestimmt. Für die Entsorgung ist der Hundeführer verantwortlich.

6. Gute Laune

Gute Laune für die Ausbildung ist nicht zu unterschätzen! Unser Hund merkt, wie wir „drauf sind". Eine ausgelassene Stimmung motiviert ihn.

Gut erzogene Hunde mit gutem Sozialverhalten können an den meisten Übungen und Spielen auch ohne Leine teilnehmen. Beachten Sie jedoch, dass mit zunehmender Gruppengröße und höher werdendem Schwierigkeitsgrad bei der Konfrontationen auch die Anforderungen an die Konzentration ihres Hundes steigen. Spiele, bei denen sich Hundeführer und Hund schneller als im normalen Gehschritttempo bewegen, bedeuten automatisch einen hohen Schwierigkeitsgrad (z.B. „Der Plumpsack geht rum", „Das Stuhlspiel"). Aber überfordern Sie Ihren Liebling nicht! Das Loben ihres Hundes für gutes Verhalten an der Leine, bringt deutlich mehr Vorteile für die Erziehung, als leinenfreie Übungen und Spiele mit gelegentlichem „Ausrastern" oder „Versagen". Fehlverhalten an der Leine kann nicht nur Sie selbst und ihren Hund demotivieren, sondern könnte sogar gefährlich werden.

Jetzt geht's los

In den nachfolgenden Kapiteln werden verschiedene Übungen und Spiele beschrieben, die in Gruppen von wenigstens vier Teilnehmern durchgeführt werden können. Jede ausführliche Erläuterung wird durch eine Skizze unterstützt. Eine kurze Zusammenfassung der Übungsanleitung bzw. der Spielregeln ermöglicht die direkte Einführung aller Teilnehmer in das neue Thema. Es wird außerdem erklärt, welche Kommandos geübt werden sollen, und welchem Ziel die jeweilige Übung bzw. das entsprechende Spiel dient.

Alle Übungen und Spiele können mit an der Leine geführten Hunden durchgeführt werden. In Abhängigkeit von der konkreten Situation können die Hunde bei den meisten Übungen auch ohne Leine geführt werden. Wenn sich die Teilnehmerhunde durch viele gemeinsame Trainingseinheiten gut kennen und ein gutes Sozialverhalten haben, wenn sie außerdem ihrem jeweiligen Hundeführer auch unangeleint aufmerksam folgen und nicht weglaufen, dann sind alle Voraussetzungen für ein leinenfreies Spielvergnügen erfüllt.

Allerdings sollten Sie hinsichtlich der Entscheidung zum Ableinen kein Risiko eingehen und die Hunde im Zweifelsfall lieber angeleint lassen.

Diese Beiden haben sich auf dem Hundeplatz kennen gelernt und vertragen sich mit und ohne Leine.

Geräte und Hindernisse

Die Tabelle (s. S. 42) zeigt alle Geräte und Hindernisse, die in den Übungen und Spielen benutzt werden, in Form eines Bildes und eines Symbols. Die Symbole wurden in den Spielskizzen verwendet.

In den Übungen kommen nicht nur Agilitygeräte zur Anwendung. Häufig kann man mit einfachen Mitteln kostengünstig improvisieren. Als Schlauchtunnel kann z.B. eine Regentonne dienen, wenn der Boden entfernt wird und oben ein beidseitig offener Sack aus witterungsbeständigem Material angebracht wird.

Geräte und Hindernisse, die in den Übungen verwendet werden

Pylone

Hürde
Einfache, höhenverstellbare Hürde, bestehend aus Hürdenstange (1,20 m hoch) und Querlatte (1,20 m)

Mauerhürde
Sprunghöhe 0,6 m

Zweistufenhürde
Sprunghöhen 0,4 m und 0,75 m

Tunnel
Agilitytunnel: Länge 5 bis 6 m, Durchmesser 0,6 m

Kindertunnel als Alternative: Länge 1,90 m, Durchmesser 1,40 m

Box (1,20 x 1,20 m) bzw. **Boxlatte** (1,20 m)

Geräte und Hindernisse (Fortsetzung)

Schlauchtunnel
Agilityschlauchtunnel: Länge der Röhre 3 m, Größe der halbrunden Eingangsöffnung 0,9 m breit und 0,6 m bis 0,65 m hoch, Sacklänge etwa 2,40 m

Regentonne als Eigenbaualternative: Durchmesser am Eingang 0,5 m, Sacklänge 1,70 m

Laufsteg
Höhe der waagerechten Laufstrecke 1,25 m, Länge der waagerechten Laufstrecke 4 m Breite der Laufstrecke 0,3 m bis 0,4 m Länge der Kontaktzonen 0,9 m

Bank
Höhe 0,5 m, Länge 3 m, Breite 0,2 m

Wippe
Länge der Laufstrecke 3,70 m, Höhe am Scheitelpunkt 0,70 m, Länge der Kontaktzonen 0,90 m

Tisch
Höhe 0,60 m bis 0,75 m, Fläche 1,20 m x 1,20 m

Stuhl
Beliebiger Stuhl, z.B. Gartenstuhl aus Plastik

Pylonenslalom
Abstand zwischen den Pylonen 0,50 und 0,60 m wenn nur die Hunde den Slalom laufen; 1,00 m bis 1,50 m wenn Hundeführer und Hund gemeinsam laufen

Geräte und Hindernisse (Fortsetzung)

Stangenslalom
Abstand zwischen den Stangen wie beim Pylonenslalom

Gemischter Slalom
Abstand zweier aufeinanderfolgender Markierungen, wie beim Pylonenslalom

Geräte und Hindernisse in den Zeichnungen

- Bank
- Hürdenquerlatte
- Box
- Hundeführer mit Hund
- Hürde
- Laufsteg
- Pylone
- Hürdenstange
- Stuhl
- Tisch
- Stangenslalom
- ??? (aus „Rette sich wer kann“)
- Pylonenslalom weit
- Stangen mit Absperrband
- Pylonenslalom eng
- Gemischter Slalom
- Schlauchtunnel
- Tunnel
- Wippe

Übungen
am Pylonenkreis und an Markierungen

Für die erste Übung wird ein Kreis bestehend aus 8 bis 12 Pylonen (oder anderen Markierungen) errichtet. Die Anzahl der Pylonen sollte größer oder gleich der Teilnehmerzahl sein, die zwischen 4 und 12 betragen kann. Der Durchmesser des Kreises sollte wenigstens 10 Meter betragen.

Der Pylonenkreis – Übungen zum Kennenlernen

Alle Teilnehmer laufen im normalen Tempo entgegen dem Uhrzeigersinn außen um den Pylonenkreis herum. Dabei sollte darauf geachtet werden, dass der Abstand zwischen den Hunden groß genug ist, sodass sich keiner der Hunde bedrängt fühlt. Auf Kommando erfolgt für alle Teilnehmer gleichzeitig ein Richtungswechsel um 180 Grad mit Rechtsdrehung. Dieser Richtungswechsel wird einige Male wiederholt, wobei sich Rechts- und Linksdrehung abwechseln. Die Hunde werden bei mehrfacher Änderung der Laufrichtung relativ schnell auf ihren Führer achten. Loben Sie Ihren Hund mit einem Streicheln, wenn er Sie aufmerksam anblickt. Nachdem durch diese kurze Übung die Aufmerksamkeit der Hunde gesteigert wurde, wird die Geschwindigkeit des Laufes verändert. Zunächst wird das Tempo erhöht, dann wieder normalisiert, und schließlich stark verlangsamt. Auch dabei sollte die Aufmerksamkeit der Hunde verbessert werden. Wenn Ihr Hund sie anschaut, loben und streicheln sie ihn. Schließlich werden Tempoänderung und Richtungswechsel miteinander kombiniert.

Bei wenig verträglichen Hunden wird Wert auf ein zügiges Tempo gelegt. Sollte dies noch immer nicht zur Stabilisierung der Situation führen, so werden die entsprechenden Hundeführer gebeten, für kurze Zeit die Gruppe zu verlassen und den Hund in einiger Entfernung zu bewegen. Wenn er sich beruhigt hat, kann er wieder an der Übung teilnehmen.

Nach ca. 5 Minuten werden alle Teilnehmer aufgefordert, anzuhalten, ohne dem Hund ein Kommando zu geben. Nun stellt sich der Hundeführer seinem Hund gegenüber. Es wird nun das Kommando **SITZ** geübt. Voraussetzung hierbei ist, dass die Hunde das Kommando bereits kennen, was in der Regel auch bei Einsteigern der Fall ist. Sollte eines der Teilnehmerteams dieses Kommando zu Hause noch nicht geübt haben, so wird ihm außerhalb der Gruppe gezeigt, wie man am besten vorgeht. Dem Hund wird z.B. ein Leckerli derart über die Schnauze gehalten, dass er sich von allein setzt. Genau im Moment des Setzens sagt der Hundeführer das Wort **SITZ**. Der Hund wird gelobt (siehe Übungen an der kurzen Leine, S. 9).

Zusätzlich zum Wortkommando benutzt der Hundeführer eine von ihm gewählte Gestik, die später gleichbedeutend zum Wortkommando genutzt werden soll. In der Regel benutzt man einen erhobenen Zeigefinger.

Weitere Laufrunden folgen, wobei das Kommando **SITZ** auf die gleiche Art noch

Pylonen sind besonders gut für Übungen geeignet, bei denen im Kreis gegangen wird. Seine Größe richtet sich nach der Anzahl der Teilnehmer.

weitere dreimal, geübt wird. Nach den nächsten ca. 5 Minuten gönnt man den Hunden eine kleine Spielpause, denn bis jetzt haben sie sich schon ganz schön konzentrieren müssen. Der Eintritt in die Pause erfolgt nach einem korrekt ausgeführten Kommando, wofür der Hund nochmals gelobt wird.

Nach der Pause werden noch wenige Laufrunden absolviert, bevor Hundeführer und Hund im Slalom um den Pylonenkreis laufen. Nach jeder Runde erfolgt für alle gleichzeitig ein Richtungswechsel um eine Pylone.

Schließlich werden Außenrunden, Slalomrunden, Tempoänderungen, Richtungswechsel sowie **SITZ** in der „Gegenüberposition" miteinander kombiniert, bevor die nächste Pause fällig ist. Damit ist diese Gehorsamsübung beendet.

Es bietet sich an, den Pylonenkreis in verschiedenen Variationen durchzuführen und dabei die Kommandos **SITZ** und **PLATZ** in unterschiedlichen Positionen von Hundeführer und Hund zu trainieren. Neben der „Gegenüberposition" können beide Kommandos auch bei gleicher Blickrichtung von Hundeführer (HF) und Hund (H) geübt werden. Wortkommando und Handzeichen werden zunächst gleichzeitig gegeben, anschließend übt man beide Kommandoarten einzeln. Der Hund soll dabei lernen, dass sowohl das Wortkommando als auch das Kommando durch Handzeichen gleichbedeutend und für die Ausführung bindend sind.

In einer kurzen Abschlussübung, die jedoch nicht beim ersten Treffen auf dem Hundeplatz erfolgen muss, lässt man die Teilnehmer ausgehend von je einer Pylone langsam aufeinander zu gehen und die Hunde innen in einem kleinen Kreis ins **SITZ** bringen. Nach wenigen Sekunden, in denen sich die Hunde gegenüber sitzen, also in direkter Konfrontation, gehen alle Teilnehmer durch Rechtsdrehung wieder aus dem Kreis heraus. Die Hunde werden ausgiebig gelobt und können in ihre verdiente Spielpause.

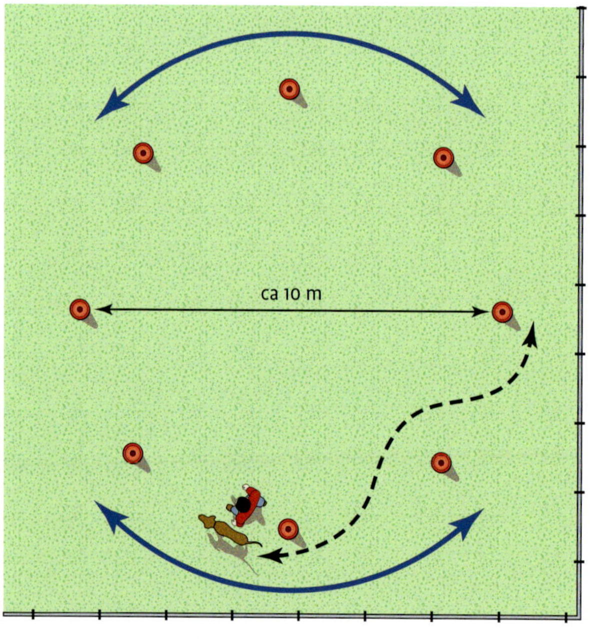

Der Pylonenkreis – Übungen zum Kennenlernen.

Übungsablauf: Pylonenkreis

- angeleinte Hunde,
- 4 bis 12 Teilnehmer.

Regeln und Spielablauf:

- Alle Hundeführer (HF) laufen außerhalb der Pylonen, dem Uhrzeigersinn entgegen, normales Tempo,
- mehrere Richtungswechsel um 180°, abwechselnd Rechts- und Linksdrehung,
- Tempoänderungen,
- Tempoänderungen und Richtungswechsel kombinieren,
- Anhalten ohne Kommando, HF steht Hund (H) gegenüber, Kommando **SITZ** als Wort und mit Handzeichen,
- einige Laufrunden,
- Pause,
- Slalom mit Richtungswechsel jeweils um eine Pylone,
- Tempoänderungen und **SITZ**,
- verschiedene Kombinationen.

Trainiert werden:

- Eingewöhnung der Hunde,
- Verbesserung von Aufmerksamkeit und Leinenführigkeit,
- **SITZ** als Wortkommando und Handzeichen, HF und H in „Gegenüberposition".

Der Pylonenkreis – Weitere Übungen

Bevor man mit den nachfolgend beschriebenen Übungen beginnt, empfehlen sich einige Bewegungsrunden. Danach kann der Pylonenkreis für weitere Konfrontationsübungen genutzt werden. Dafür wählt sich jeder Teilnehmer eine Pylone aus und stellt sich rechts neben sie. Auf Kommando des Trainers wechselt nun jeder Teilnehmer mit dem gegenüberstehenden Teilnehmer den Platz. Ausgehend von der **SITZ**-Position geben die HF ihren Hunden zur gleichen Zeit das Kommando **FUSS** und laufen zum Hundeführer gegenüber. Das Ganze hat mit entsprechender Vorsicht zu geschehen, denn alle Hundeführer laufen zeitgleich mit ihren Hunden aufeinander zu. In Abhängigkeit von der Verträglichkeit der Hunde sollten die Teilnehmer auf einem kleineren Innenkreis zunächst stoppen und nun den Platzwechsel paarweise, zeitlich gestaffelt vollziehen. Je besser die Verträglichkeit der Hunde ist, umso kleiner kann der Radius des Innenkreises sein. Sofort nach der verträglichen Begegnung der beiden Hunde, haben diese ein dickes Lob verdient. Dieses Lob bestätigt ihnen, alles richtig gemacht zu haben. Diese Übung wird wiederholt.

Der Pylonenkreis bietet noch vielfältige Möglichkeiten. So z.B. kann die Warteposition vor dem Platztausch sowohl auf dem Pylonenkreis als auch auf dem engeren Innenkreis auch im **PLATZ** oder **STEH** überbrückt werden. Der Platztausch muss nicht nur mit dem gegenüber wartenden Teilnehmer stattfinden, sondern kann mit jedem beliebigen Teilnehmer erfolgen. Das schafft Abwechslung für die Konfrontation. Wenn diese Übungen schon gut klappen, kann man den Schwierigkeitsgrad steigern. Die Teilnehmer werden gebeten, ihre Hunde jeweils neben einer Pylone mit dem Kommando **SITZ** in die entsprechende Position zu bringen. Einer der Teilnehmer gibt nun seinem Hund das Kom-

Pylonenkreis: Weitere Übungen

- 4 bis 12 Teilnehmer,
- Anzahl der Pylonen ist mindestens so groß wie die Anzahl der HF.

Übung 1:
- Startposition: HF und H rechts neben Pylone, H im **SITZ**,
- Kommando **FUSS**, Seitenwechsel mit HF/H gegenüber, dabei Stopp auf kleinerem Innenkreis, Seitenwechsel paarweise vollziehen,
- mehrere Wiederholungen.

Übungen 2 und 3:
- **PLATZ** und **STEH** Kommandos als Warteposition.

Übung 4:
- Platztausch mit wechselnden Beteiligten.

Übung 5:
- Startposition: HF/H rechts neben Pylone, H im **SITZ** (oder **PLATZ**),
- nacheinander Slalom um sitzende H.

Trainiert werden:
- Verbesserung des Sozialverhaltens durch kontrollierte Konfrontationen,
- Leinenführigkeit,
- Kommandos **SITZ**, **PLATZ**, **STEH**, **FUSS**.

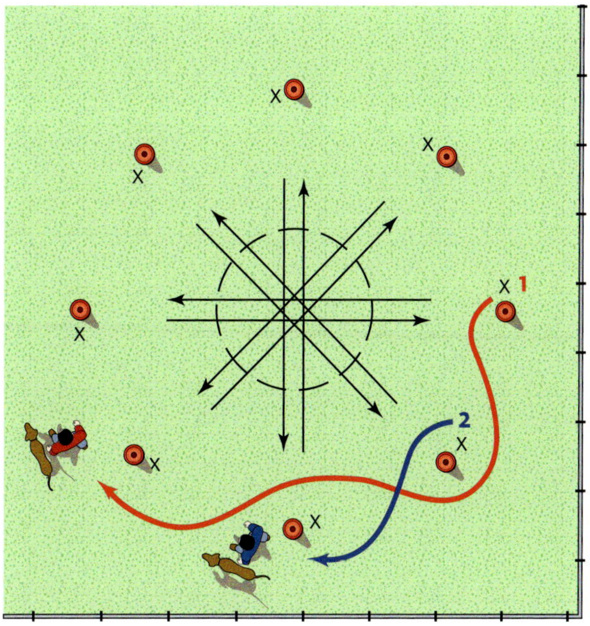

Weitere Übungen im Pylonenkreis.

Das Kommando **PLATZ** kann mit verschiedenen Positionen vom Hund zum Hundeführer geübt werden.

Bei dieser Übung werden Geduld und Sozialverhalten trainiert: die Hunde warten im Sitz, während ein Teilnehmer im Slalom um sie herumläuft.

mando **FUSS** und läuft im Slalom um die anderen Hundeführer mit ihren sitzenden Hunden herum, bis er wieder an seiner Startpylone angekommen ist. Dort wird der Hund aufgefordert, die **SITZ**-Position einzunehmen. Nun kann der nächste Teilnehmer starten usw. bis alle an der Reihe waren. Es ist nicht nötig, dass nur jeweils ein Hund den Slalom läuft, während die anderen warten, bis er an seiner Ausgangspylone angekommen ist. Es genügt eine zeitliche Verzögerung zwischen den Startern.

Nach einigen Bewegungsrunden sowohl außen um die Pylonen herum als auch im Slalom kann die Übung wiederholt werden. Dabei bietet der Positionswechsel der wartenden Hunde (**PLATZ**) Abwechslung.

Obwohl die beschriebene Übung auch ohne Pylonen oder andere Markierungen durchführbar ist, haben sich Markierungen bewährt. Sie legen gewisse Abstände fest, sodass ein automatisches „Zueinander driften" verbunden mit etwaigen ungewollten Hundekontakten ausbleibt.

Übungen und Spiele an parallelen Markierungsreihen

Zwei parallele Reihen aus Markierungen (z.B. Pylonen oder Hürdenstangen) lassen sich für die verschiedensten Übungen nutzen. Kommandos des Grundgehorsams (**SITZ**, **PLATZ**, **STEH**, **BLEIB**, **FUSS**) und die Leinenführigkeit können damit ebenso trainiert werden wie Konfrontationen der Hunde mit unterschiedlichem Schwierigkeitsgrad. Je nach der Entfernung der beiden Reihen zueinander, kann man drei verschiedene Markierungsreihen unterscheiden. Der größte Abstand, der in den Übungen verwendet wird, beträgt ca. 20 Meter. Bei den beiden anderen Varianten werden die Reihen entweder mit einem Abstand von 6 bis 8 Metern (mittlerer Abstand) oder nur 3 bis 4 Metern (kleiner Abstand) voneinander entfernt aufgestellt.

Pylonenreihen mit großem Abstand

Es werden zwei parallele Pylonenreihen (andere Markierungen können selbstverständlich auch verwendet werden) in einer Entfernung von ca. 20 Meter aufgestellt. Der Abstand zweier benachbarter Pylonen in einer Reihe richtet sich nach der zu erwartenden Verträglichkeit der Hunde. Eine Distanz von 2 bis 3 Metern ist im Allgemeinen ausreichend.

Die Teilnehmer bilden (entsprechend der Pylonenzahl einer Reihe) Gruppen aus 3 bis 4 Mitgliedern. Die Teilnehmer der ersten Gruppe stellen sich jeweils rechts neben einer Pylone auf. Die Teilnehmer der Gruppen 2 und 3 (sofern vorhanden) stellen sich dahinter auf (siehe Skizze, S. 50). Zeitverzögert starten die einzelnen Gruppen und steuern mit zügigem Schritt die gegenüberliegende Pylone an, die sie mit einer Linkskurve umkreisen. Auf dem Rückweg geht die Gruppe 1 zwischen den Teilnehmern der Gruppen 2 und 3 „hindurch" und zurück zu ihrer Startpylone. Es folgt die Gruppe 2, die anschließend durch die Teilnehmer der entgegenkommenden Gruppe 3 geht und sich wieder hinter Gruppe 1 aufstellt (Übung 1). An der Startpylone angekommen, werden die Hunde ins **SITZ** gebracht. Dieselbe Übung wird noch zweimal wiederholt. Dabei wird das Schritttempo auf dem Rückweg einmal stark verlangsamt und einmal erhöht.

In der nächsten Übung (Übung 2) wird das Kommando **SITZ** geübt, indem auf dem Hinweg nach jeweils 5 Metern (also insgesamt dreimal auf dem Hinweg) die Hunde ins **SITZ** gebracht werden. Das Kommando **FUSS** wird jeweils beim Weitergehen verwendet. Die zweite Gruppe startet erst dann, wenn die Teilnehmer der ersten Gruppe nach dem ersten **SITZ**-Kommando weitergehen. Gruppe 2 lässt ihre Hunde auf Position 1 (siehe Skizze, S. 50), Gruppe 3 entsprechend Position 2) bis die Teilnehmer der Gruppe 1 sie auf dem Rückweg passiert hat. Der Rückweg erfolgt auf direktem Weg, ohne die Hunde ins **SITZ** zu bringen.

Die dritte Übung wird wie die Übung 2 durchgeführt, nur diesmal wird das Kommando **PLATZ** geübt.

Übungsablauf: Pylonenreihen mit großem Abstand

- 6 bis 12 Teilnehmer,
- Startposition: rechts neben Pylone (Gruppe 1, rotes Dreieck), dahinter Gruppe 2 (blau) und 3 (braun),
- Teilnehmer einer Gruppe starten zeitgleich,

Übung 1:
- zeitverzögerter Start der Gruppen,
- zügiger Lauf um gegenüberstehende Pylone, Pylone links herum umkreisen, Rückweg zur Startpylone,
- **SITZ** bis alle angekommen sind, 2-mal Wiederholung mit Tempoänderungen,

Übung 2:
- zeitverzögerter Start aller Gruppen, 3 Haltepositionen mit **SITZ** auf dem Hinweg,
- Rückweg direkt, ohne anzuhalten.

Übung 3:
- wie 2, Halteposition **PLATZ**, 3-mal auf Hinweg,

Übung 4:
- Überholvorgänge: Gruppe 1 startet sehr langsam, wird von Gr. 2 und 3 links überholt,
- Rückweg direkt, Übung wiederholen bis anfängliche Reihenfolge der HF an den Startpylonen wieder hergestellt ist,
- Wiederholung der Überholvorgänge mit Haltepositionen wie unter Übung 2 und 3 beschrieben.

Trainiert werden:
- Leinenführigkeit,
- Kommandos **SITZ**, **PLATZ** (HF und H mit gleicher Blickrichtung), **FUSS**,
- Konfrontationen von hinten (Hinweg) und vorn (Entgegenkommen der HF auf Rückweg und Hinweg) kommend.

Mit der Übung 4 werden Überholvorgänge geübt. Die Gruppen starten wieder zeitverzögert. Gruppe 1 läuft diesmal sehr langsam los. Auf dem Weg zu der gegenüberliegenden Pylone wird sie zuerst von den Teilnehmern der Gruppe 2 und gleich anschließend von den Teilnehmern der Gruppe 3 überholt, die links an ihnen vorbei gehen. Der Rückweg erfolgt wieder auf direktem Weg. Gruppe 2 kommt also diesmal, nachdem sie auf dem Rückweg zuerst Gruppe 3 und schließlich Gruppe 1 passiert hat, als erste an den Startpylonen an, gefolgt von Gruppe 3 und schließlich Gruppe 1. Bei der nächsten Laufrunde läuft Gruppe 2 zuerst los

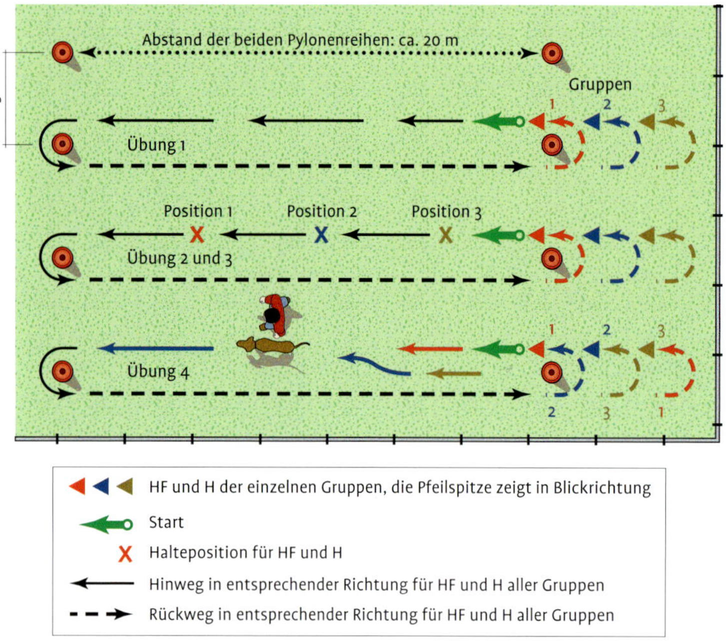

Pylonenreihen mit großem Abstand.

SITZ kann man gar nicht oft genug üben!

und wird nacheinander von Gruppe 3 und schließlich 1 überholt usw. bis schließlich alle Gruppen wieder in der richtigen Reihenfolge an den Startpylonen stehen.

Bei den nachfolgenden Überholvorgängen gehen die Gruppen 1 und 2 auf dem Weg zu den gegenüberliegenden Pylonen ins **SITZ** bzw. ins **PLATZ**. Gruppe 3 überholt sie von hinten kommend und geht links an den wartenden Hundeführern mit den sitzenden Hunden vorbei. Die Gruppen 2 und 3 bleiben dabei wieder jeweils auf ihren Positionen zwischen den Pylonen bis die Teilnehmer der Gruppe 1 sie auf ihrem Rückweg passiert haben. Damit werden zwei verschiedene Konfrontationssituationen geübt, nämlich das Überholt werden von hinten (Hinweg) und das Aufeinander zugehen (Rückweg).

Ein Wechsel der Positionen der Teilnehmer innerhalb einer Gruppe oder auch innerhalb der Gruppen schafft Abwechslung bei der Konfrontation hinsichtlich der sich begegnenden Hunde.

Parallele Slalomreihen mit mittelgroßem Abstand

Für die nächsten Übungen werden zwei parallele Slalomreihen mit einer Entfernung von 6 bis 8 Metern aufgebaut. Als Markierungen eignen sich Pylonen und/oder Hürdenstangen. Die benachbarten Markierungen sollten einen Abstand von wenigstens 1,5 Metern haben, sodass Hundeführer und Hund gemeinsam den Slalom laufen können. Die Teilnehmer bilden zwei Gruppen und laufen in der Übung 1 gleichzeitig mit ihren Hunden durch die beiden Slalomreihen. Dabei wird darauf geachtet, dass sich jeder jeweils von links in den Slalom einfädelt (siehe Skizze S. 52). Am Ende des Slaloms angekommen laufen die einzelnen Teilnehmer beider Gruppen aufeinander zu und zu zweit nebeneinander – also paarweise – innerhalb der beiden Markierungsreihen zurück. Wenn das Ende der Markierungsreihen erreicht worden ist, starten sie erneut mit dem Slalom. Nach zwei bis drei Runden wird das Tempo verändert, zuerst erhöht, dann wieder normalisiert und schließlich stark verlangsamt. Die Leine sollte bei jedem Tempo locker durchhängen.

Die Hunde der einen Gruppe warten im **PLATZ**, bis die andere Gruppe vorbeigegangen ist.

Parallele Slalomreihen mit mittelgroßem Abstand.

Übungen 1 bis 3.

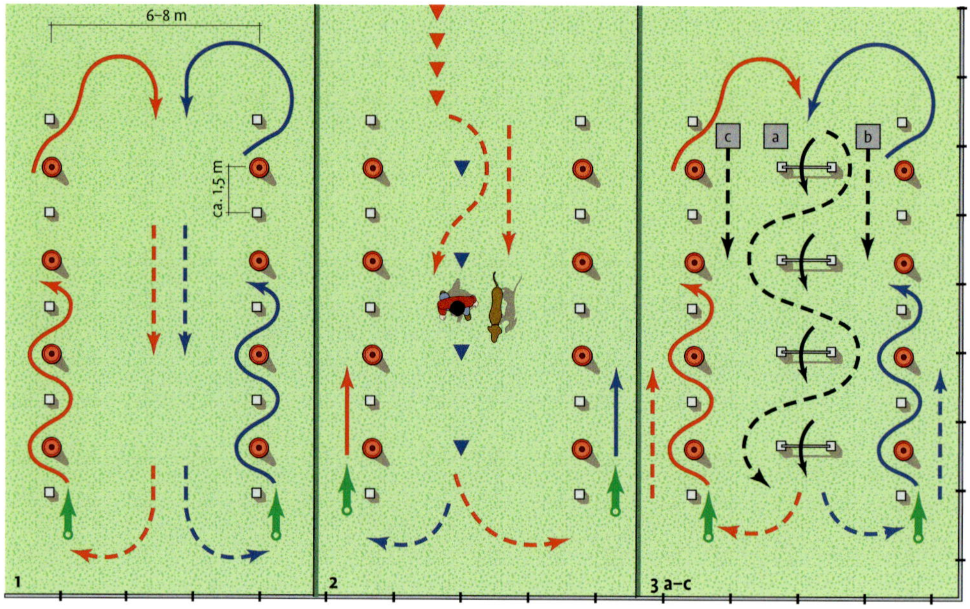

Start

HF und H der Gruppen 1 bzw. 2, die Pfeilspitze zeigt in Blickrichtung

Hinweg für HF und H der Gruppen 1 bzw. 2

Alternative Laufrichtungen für HF und H der Gruppen 1 bzw. 2

Hinweg bzw. alternative Laufrichtung für HF und H beider Gruppen

Übung 4.

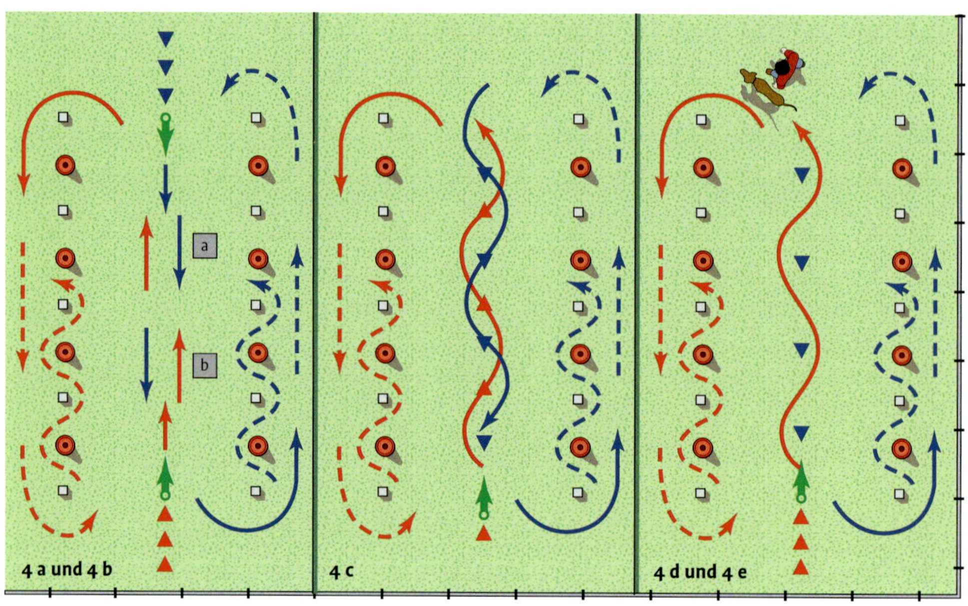

Start

HF und H der Gruppen 1 bzw. 2, die Pfeilspitze zeigt in Blickrichtung

Hinweg für HF und H der Gruppen 1 bzw. 2

Alternative Laufrichtungen für HF und H der Gruppen 1 bzw. 2

Übungsablauf: Parallele Slalomreihen mit mittelgroßem Abstand – Übungen 1 bis 4

- 4 bis 8 Teilnehmer, erweiterbar,
- zwei gleich große Gruppen bilden, Start je an einem Slalomabschnitt.

Übung 1:
- zeitgleicher Start beider Gruppen, Slalom, einfädeln von links,
- zu zweit innerhalb der Markierungsreihen zurück,
- Wiederholung, Tempoänderungen,
- Kommandos **SITZ** und **PLATZ** üben, sowohl auf dem Slalomabschnitt als auch auf dem Rückweg.

Übung 2:
- Hinweg: außerhalb der Markierungsreihen, Rückweg: innen,
- Gruppe 1 wartet vor dem Rückweg, Gruppe 2 HF verteilen sich zwischen beiden Reihen, H ins **SITZ**,
- Gruppe 1 Slalom um Gruppe 2 oder an den Teilnehmern vorbei,
- beide Gruppen jeweils außen wieder zurück,
- Übung 2 wiederholen, Gruppe 2 läuft Slalom um Gruppe 1,
- Übung 2 wiederholen, anstelle von **SITZ**, **PLATZ** üben.

Übung 3:
- wie Übung 1, Rückweg über Hürden (a) bzw. an Hürden vorbei (b und c).

Übung 4:
Starke Konfrontation: Anleinen der Hunde empfohlen
- Start der Gruppen am äußeren Ende der Doppelreihe, aufeinander zugehen und vorbeigehen, nicht direkt aneinander (a) und direkt aneinander (b),
- Rückweg außen oder über Slalom, aneinander Vorbeigehen im Slalom (c),
- jeweils eine der beiden Gruppen verteilt sich auf dem Mittelweg,
- Hunde im **SITZ** bzw. **PLATZ**,
- die jeweils andere Gruppe geht im Slalom herum.

Trainiert werden:
- Leinenführigkeit,
- Kommandos **SITZ** und **PLATZ**, **HÜRDE-HOPP**, **FUSS**,
- nicht über Hürde springen, wenn Kommando ausbleibt,
- Konfrontation durch Überholvorgänge von hinten kommend (Übung 2),
- direkte Konfrontation von vorn kommend (Übung 4).

Auf Zuruf des Trainers werden als nächstes die Kommandos **SITZ** und **PLATZ** geübt. Das geschieht sowohl auf den Slalomabschnitten als auch auf dem Rückweg zwischen den beiden Reihen.

Nach einer kleine Pause können die Konfrontationsbedingungen verschärft werden (Übung 2). Der Hinweg erfolgt jetzt nicht durch die Slalomabschnitte, sondern außerhalb der Markierungsrcihen bis zu deren Ende. Und von dort aus laufen die Hundeführer zu zweit zwischen den Markierungen zurück. Bei der nächsten Runde stoppt Gruppe 1 (rote Dreiecke) am Anfang des Rückweges während sich die Teilnehmer der Gruppe 2 (blaue Dreiecke) derart zwischen den Markierungsreihen verteilen, dass auf der Höhe jeder Pylone je ein Teilnehmer stehen bleibt. Er bringt seinen Hund ins **SITZ**. Nun starten die Teilnehmer der ersten Gruppe, die im Slalom um die Teilnehmer der zweiten Gruppe herumlaufen (siehe Skizze, Übung 2). Schließlich geht es für beide Gruppen wieder außerhalb der Slalomreihen zum an-

Slalomabschnitte, die von Hundeführer und Hund gemeinsam gelaufen werden, eignen sich besonders gut, um das **FUSS** zu trainieren.

deren Ende. Nun bringen die Teilnehmer der Gruppe 1 ihre Hunde zwischen den beiden Markierungsreihen ins **SITZ** und die Gruppe 2 Teilnehmer laufen im Slalom um sie herum.

Das Überholen von Hundeführer und Hund von hinten ist auch bei den Übungen mit Markierungsreihen mit großem Abstand geübt worden, allerdings wurde dabei jeweils nur ein Teilnehmer überholt. Bei der jetzt beschriebenen Übung werden alle Teilnehmer einer Gruppe im Slalom von hinten kommend passiert, was entsprechend schwieriger ist. Falls die Unruhe in der Gruppe durch Unverträglichkeiten noch zu groß sein sollte, so braucht man das Überholmanöver nicht gleich im Slalom üben, sondern erst mit dem einfacheren Vorbeigehen an den Hundeführern mit ihren sitzenden Hunden beginnen. Die beschriebene Übung 2 wird wiederholt, indem die Hunde einer Gruppe ins **PLATZ** gebracht werden, während die jeweils andere Gruppe im Slalom um sie herum läuft. Sobald diese Übung absolviert worden ist, haben sich die Hunde ein dickes Lob und eine schöne Pause verdient.

SITZ und **PLATZ** werden in den verschiedenen Übungen wiederholt.

Für die Übung 3 werden 4 Hürden zwischen den Markierungsreihen aufgebaut. Die Teilnehmer starten wieder mit dem Slalom oder gehen außen entlang zum anderen Ende der Doppelreihe, wo sich die Teilnehmer beider Gruppen nach dem Reißverschlussprinzip einordnen und auf dem Rückweg die Hürden nacheinander überspringen (3 a). Dabei wird das Kommando **HÜRDE-HOPP** verwendet. In der nächsten Runde gehen die Hundeführer nur bis zur Hürde heran, sagen dann **FUSS** und laufen rechts oder links an der Hürde vorbei, ohne dass ihre Hunde sie überspringen (3 b). Damit soll erreicht werden, dass der Hund nicht automatisch „glaubt" springen zu können, bloß weil er auf eine Hürde zugeht. In den nächsten Runden sind viele Variationen denkbar. Es kann beispielsweise mal jede zweite Hürde übersprungen werden oder diejenigen Hürden, die nicht für einen Sprung vorgesehen sind, werden mal links und mal rechts herum umlaufen. Die Hunde können auch mal links und mal rechts geführt werden. Schließlich lässt man das Kommando **FUSS** weg und läuft auf unterschiedlichen Wegen an den Hürden vorbei. Das Ziel dieser Übung besteht darin, die Aufmerksamkeit der Hunde ihrem Führer gegenüber soweit zu schulen, dass sie sich auch ohne das Wortkommando **FUSS** nach ihm richten und nur dann über die Hürde springen, wenn durch das Kommando **HÜRDE-HOPP** dazu aufgefordert wird. Wenn dieses Kommando ausbleibt, so

Hundebegegnungen übt man, indem die Hundeführer mit ihren Hunden auf relativ engem Raum aneinander vorbeigehen.

Übungsablauf: Parallele Slalomreihen mit mittelgroßem Abstand – Übung 5

- Starke Konfrontation: Anleinen der Hunde empfohlen
- 4 bis 8 Teilnehmer, erweiterbar,
- HF/H jeweils rechts neben Pylone, H im **SITZ**.

Übung a:

- doppelter Seitenwechsel gegenüberstehender HF/H, H laufen nicht direkt aneinander vorbei, H ins **SITZ** nach Seitenwechsel.

Übung b:

- doppelter Seitenwechsel, direkte Begegnung der H.

Übung c:

- aufeinander zugehen, Stopp im Abstand von etwa 2 Metern, etwas warten, zurück nach Linksdrehung (dann Rechtsdrehung).

Übung d:

- aufeinander zugehen, Stopp im Abstand von etwa 2 Metern, H ins **SITZ**, weitergehen, Platzwechsel.

Trainiert wird:

- direkte Konfrontation mit hohem Schwierigkeitsgrad.

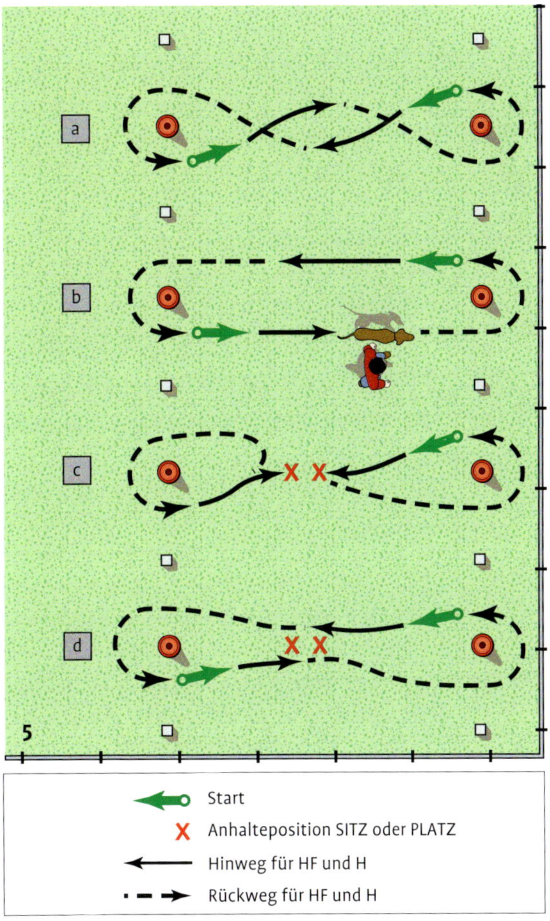

Parallele Slalomreihen mit mittelgroßem Abstand.

sollte der Hund automatisch mit guter Leinenführigkeit neben seinem Frauchen bzw. Herrchen laufen.

Bei der Übung 4 mit den Markierungsreihen mit mittlerem Abstand starten die beiden Gruppen je an einem Ende der parallelen Reihen und laufen aufeinander zu. Die Teilnehmer laufen zuerst derart aneinander vorbei, dass sich die Hunde nicht direkt begegnen (Übung 4 a). Am anderen Ende angekommen gehen die Teilnehmer außerhalb der Doppelreihe oder im Slalom wieder zurück. Bei der nächsten Runde (Übung 4 b) erfolgt das direkte aneinander Vorbeigehen der Hunde. Und schließlich laufen die Teilnehmer beider Gruppen genau aufeinander zu und passieren sich im Slalom (Übung 4 c).

Nun werden einzelne Elemente der zuvor beschriebenen Übung 2 (s. S. 53)durchgeführt, d.h. die Teilnehmer der Gruppe 1 warten, bis sich die Teilnehmer der Gruppe 2 zwischen den Markierungsreihen verteilt und ihre Hunde ins **SITZ** (dann **PLATZ**) gebracht haben. Dann laufen sie im Slalom um die Hunde mit ihren Hundeführern herum ans andere Ende der parallelen Reihen. Anschließend wird gewechselt, Gruppe 1 bringt ihre Hunde ins **SITZ** (dann **PLATZ**) und Gruppe 2 übernimmt die Slalomtour (Übung 4 d und e).

Bei der Übung 5 platzieren die Teilnehmer beider Gruppen ihre Hunde jeweils rechts neben einer Pylone der beiden Markierungsreihe. Auf Kommando des Trainers laufen die Teilnehmer, die sich gegenüber stehen, aufeinander zu und gehen so aneinander vorbei, dass sich die Hunde nicht direkt begegnen (Übung 5a). Jeder läuft um die gegenüberstehende Pylone herum und ebenso wieder zurück zu „seiner" Pylone, um dort seinen Hund wieder ins **SITZ** zu bringen.

Es folgt das Aneinandervorbeigehen mit direkter Begegnung der Hunde (Übung 5b). Bei Übung c laufen die Teilnehmer aufeinander zu und bringen im Abstand von ca. 2 Metern die Hunde ins **SITZ**. Diese Position wird für einige Sekunden beibehalten, bevor die Teilnehmer durch Linksdrehung wieder zu ihrer Pylone zurückgehen. Auch diese Übung wird wiederholt, wobei das Zurückgehen nach Rechtsdrehung der Teilnehmer erfolgt. Dabei kommen sich die Hunde sehr nahe, was mit entsprechender Vorsicht zu erfolgen hat. Bei Übung d werden die Hunde wieder voreinander ins **SITZ** gebracht, doch anschließend geht jeder Teilnehmer zur gegenüber liegenden Pylone.

Zur Auflockerung können nach den einzelnen Übungen die Partner getauscht werden. Nach einer kurzen Spielpause wird die Übung wiederholt, allerdings wird jedes **SITZ** Kommando jetzt durch **PLATZ** ersetzt.

Bei der Übung 6 positionieren sich alle Teilnehmer wie in Übung 5. Ein Hundeführer geht mit seinem Hund an eines der beiden Enden der Doppelreihe. Dort wird sein Hund von einem Helfer festgehalten, während sich der Hundeführer selbst an das andere Ende der Markierungsreihe begibt. Nun gibt der Hundeführer seinem Hund das eingeübte „Komm-Kommando" (**KOMM**, **HIER**, **ZU MIR** oder **FUSS** o.Ä.). Zeitgleich lässt der Helfer den Hund los. Vermutlich hat der Hund nichts Eiligeres zu erledigen, als zu seinem Frauchen oder Herrchen zu flitzen, wofür er natürlich überschwänglich gelobt wird. Er bekommt nun wieder seine Leine und geht mit seinem Hundeführer in seine Gruppe zurück, sodass der nächste Teilnehmer dieselbe Übung machen kann.

Diese Übung ist nur zu empfehlen, wenn das Risiko akzeptabel ist, d.h. der Trainer und der Hundeführer müssen sich sicher sein, dass Bello, selbst wenn er Frauchen bzw. Herrchen nicht auf direktem Weg ansteuern sollte, keinen „Unsinn verzapft".

Pylonenreihen mit geringem Abstand

Im ersten Teil dieser Übungen legt man Wert auf viel Bewegung, was dem Stress entgegen wirkt. Im zweiten Teil nehmen die Hunde teilweise eine ruhende Position ein, was zur Erhöhung des Schwierigkeitsgrades für die Konfrontationen führt. Mit all diesen Übungen wird zugleich die Leinenführigkeit trainiert. Ebenso können verschiedene Kommandos wie z.B. **SITZ** und **BLEIB** geübt werden.

Es werden Markierungen in Form von zwei parallelen Reihen aufgebaut.

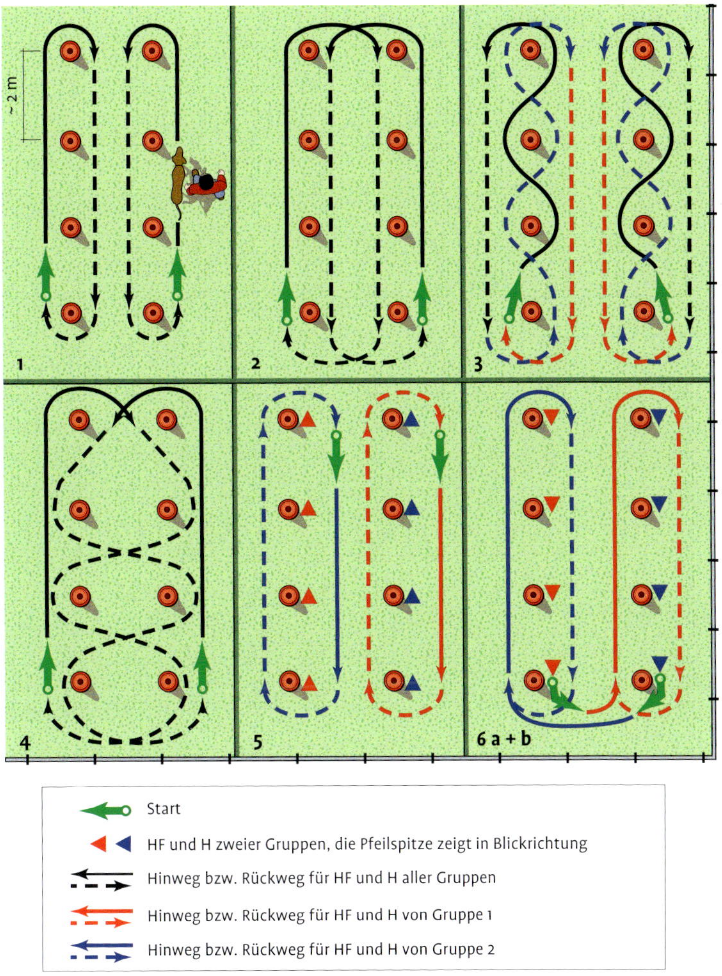

Pylonenreihen mit geringem Abstand. (Übung 1 bis 6).

Mit geringer werdendem Abstand der Markierungsreihen steigt der Schwierigkeitsgrad der Konfrontationsübungen.

Übungsablauf: Pylonenreihen mit geringem Abstand (Übung 1 bis 6)

Teilweise starke Konfrontation:
Anleinen der Hunde empfohlen

- 4 bis 8 Teilnehmer, erweiterbar,
- zwei gleich große Gruppen bilden.

Übung 1:

- zeitgleicher Start beider Gruppen,
- Hinweg: „Gänsemarsch" außerhalb Pylonenreihe, Rückweg: paarweise innerhalb,
- 2 bis 3 Wiederholungen.

Übung 2:

- Laufroute wie Übung 1 beschrieben, kreuzen von jeweils einem Teilnehmerpaar beider Gruppen an den Enden der Pylonenreihe.

Übung 3:

- Pylonenreihen im Slalom, Start der Gruppen außen, 1. Rückweg außerhalb der Pylonenreihen,
- Hinweg: Slalom, 2. Rückweg Mittelweg, paarweise (je ein Teilnehmer aus beiden Gruppen).

Übung 4:

- Start außen, Hinweg: außen, Rückweg: ständiges Kreuzen zweier Teilnehmer, Slalom um Pylonen abwechselnd aus beiden Reihen.

Übung 5:

- Pylonenzahl mindestens wie Teilnehmerzahl
- **SITZ** der Hunde jeweils rechts neben Pylone, Blickrichtung für HF und H entlang der Reihe,
- HF Gruppe 1 laufen um sitzende H von Gruppe 2, ohne Slalom an HF und H vorbei, Begegnung der H jeweils von vorn.

Übung 6:

- wie Übung 5, aber Begegnung der Hunde von hinten, Vorbeigehen an HF und H, von hinten kommend.

Jede Reihe besteht aus mindestens 4 Markierungen. Als Markierungen können sowohl Pylonen als auch Slalomstangen verwendet werden. Der Abstand zwischen zwei benachbarten Pylonen in einer Viererreihe beträgt ca. 2 Meter, die beiden Pylonenreihen sollten 3 bis 4 Meter voneinander entfernt sein.

Die Teilnehmer bilden zwei gleich große Gruppen. Beide Gruppen starten zeitgleich. Die grünen Pfeile markieren die Startposition und -richtung. In Übung 1 laufen die Hundeführer mit ihren Hunden nacheinander, außerhalb der Pylonendoppelreihe entlang, d.h. die eine Gruppe läuft rechts an den Pylonen entlang und die andere links. Um die letzte Pylone wird eine Links- bzw. Rechtskurve gemacht und der Rückweg verläuft für beide Gruppen innerhalb der Pylonendoppelreihe (siehe Skizze auf Seite 57). Nach 2 bis 3 Wiederholungen geht man zu Übung 2 über. Der Hinweg erfolgt wie für Übung 1 beschrieben, also für beide Gruppen außerhalb der Pylonendoppelreihe. Am Ende der Reihe angekommen, kreuzen sich nun die Wege von je zwei Teilnehmern der beiden Gruppen bevor sie innerhalb der Pylonendoppelreihe wieder zurückgehen. In Übung 3 erhöht sich der Schwierigkeitsgrad für das Training der Leinenführigkeit, denn die 4 Pylonen einer Reihe werden jetzt im Slalom von Hundeführer und Hund gelaufen. Dabei beginnt die Gruppe, die die rechte Pylonenreihe nimmt, rechts von der ersten Pylone und die Gruppe, die die linke Reihe läuft, entsprechend links von der ersten Pylone (durchgehende schwarze Linie in Skizze, Übung 3). Es geht dann um die letzte Pylone herum und auf dem Rückweg wird jeweils die gerade Strecke außerhalb der Pylonendoppelreihe genutzt (schwarze gestrichelte Linie in Skizze S. 57, Übung 3). Da die jeweils letzten Pylonen in einer Kurve umlaufen werden, startet jede Gruppe abwechselnd einmal rechts und einmal links von der ersten Pylone. Ebenso gestaltet sich der Rückweg, der außerhalb bzw. innerhalb der Doppelreihe verläuft. Der zweite Slalom-Hinweg ist mit einer blauen Strichlinie gekennzeichnet und der zweite Rückweg wurde durch eine rote Strichlinie markiert (s. S. 57).

Übung 4 beginnt wie die Übungen 1 und 2 für beide Gruppen mit einer geraden Laufstrecke jeweils außerhalb der Pylonendoppelreihe. Am Ende der Pylonenreihe angekommen, kreuzen sich die Wege der beiden Gruppen. Die Teilnehmer gehen jetzt allerdings nicht auf der geraden Strecke zurück, sondern beziehen die Pylonen als Slalommarkierungen mit ein, indem sie nach der Umkreisung der letzten Pylone die vorletzte Pylone des jeweils gegenüberliegenden Teilnehmers ansteuern. Nach jedem Pylonenpaar kreuzt sich der Weg der beiden Gruppen erneut, sodass auf dem Rückweg immer abwechselnd eine Pylone der „eigenen" Reihe und eine der gegenüberliegenden Reihe umlaufen wird. Auch diese Übung lässt sich beliebig oft wiederholen. Das Kreuzen der Rückwege kann dabei so erfolgen, dass sich die Hunde direkt begegnen oder nur die Hundeführer direkt aneinander vorbei gehen.

Für die nachfolgenden Übungen sollte die Pylonenanzahl mindestens so groß sein wie die Anzahl der Teilnehmer. Die Teilnehmer beider Gruppen bringen in Übung 5 ihre links geführten Hunde jeweils rechts von den Pylonen ins **SITZ**. Die Dreiecke deuten die HF mit ihren sitzenden Hunden an, die Pfeilspitze zeigt die Blickrichtung für Hundeführer und Hund. Nun laufen die Teilnehmer der einen Gruppe (z.B. rot) um die sitzenden Hunde der anderen Gruppe herum. Der Start ist in der Skizze mit dem grünen Pfeil am obersten blauen Dreieck gekennzeichnet. Da die Hunde (blaue Dreiecke) zwischen Pylone und ihrem Hundeführer sitzen, gibt es keinen direkten Kontakt der sitzenden Hunde zu den Hunden der Gruppe, die um sie herumlaufen. Wenn die erste Gruppe ein bis zwei Umrundungen gemacht hat, geht wieder jeder an seine Pylone zurück. Die Hunde gehen ins **SITZ** und nun startet die andere Gruppe (blaue Dreiecke). Im „Gänsemarsch" laufen die Teilnehmer um die sitzenden Hunde der anderen Gruppe (rote Dreiecke), indem sie innerhalb der Pylonendoppelreihe beginnen (der grüne Pfeil rechts neben dem oberen roten Dreieck kennzeichnet den Start).

Nach ein bis zwei Bewegungsrunden gehen alle Teilnehmer an ihre Pylone zurück und bringen ihre Hunde ins **SITZ**. Um mit der

Übungsablauf: Pylonenreihen mit geringem Abstand (Übung 7 – 10)

Übung 7a:

- HF Gruppe 1 (rotes Dreieck) behält H im **SITZ**, während HF von Gruppe 2 (blaues Dreieck) nacheinander starten,
- an sitzenden H beider Gruppen vorbei laufen, dabei eine „Acht" um die Doppelreihen laufen.

Übung 7b:

- wie 7a nur Wechsel der Gruppen, Gruppe 1 startet innen.

Übung 8 a und b:

- H rechts neben Pylone im **SITZ**, Blickrichtung: paarweise Angucken von zwei Teilnehmern jeder Gruppe, wechselseitiges umeinander Herumgehen (a), abwechselnd eine „Acht" laufen (b).

Übung 9 a:

- Aufstellung der HF und H wie Übung 8, Gruppe 1 (rotes Dreieck) behält H im SITZ, Gruppe 2 Teilnehmer (blaue Dreiecke) laufen nacheinander mit Zeitverzögerung los,
- umkreisen jede Pylone mit „parkenden" HF/H, Pylone der anderen Gruppe rechts umkreisen, Pylonen der eigenen Gruppe links herum umkreisen, Rückweg außerhalb der Pylonenreihe zur Startpylone zurück.

Übung 9 b:

- wie 9a, Gruppenwechsel.

Übung 10:

- wie Übung 9, je ein HF beider Gruppen läuft zeitgleich los, Wege kreuzen sich bei der Ansteuerung jeder Pylone.

Trainiert wird:

- Konfrontationen in verschiedenen Situationen unter Einbeziehung des Kommandos **SITZ**.

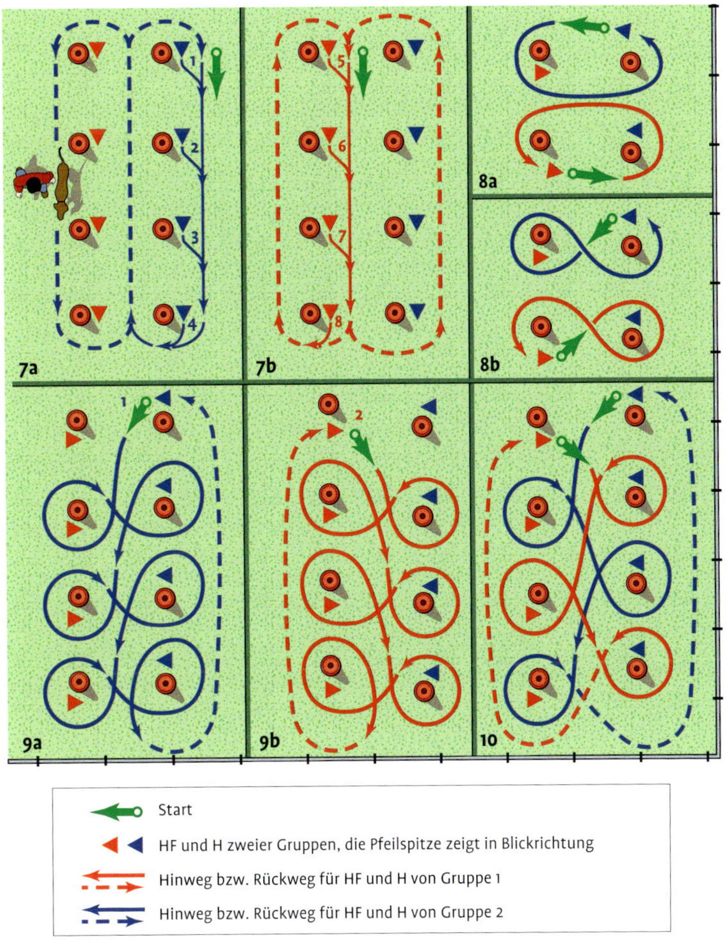

Pylonenreihen mit geringem Abstand (Übung 1 bis 10).

Die Leinenführigkeit muss natürlich auch stimmen.

Übung 6 zu beginnen, drehen sich alle Teilnehmer mit ihren Hunden um 180 Grad. Die Pfeilspitze gibt wieder die Blickrichtung an. Die Laufrunden werden auch hier wie bei Übung 5 von den Gruppen abwechselnd durchgeführt. Alle Hunde einer Gruppe bleiben komplett sitzen, während die Teilnehmer der anderen Gruppe um die sitzenden H und ihre HF herum gehen. Durch die veränderte Position der HF und H laufen nun die Hunde von hinten an den sitzenden Hunden vorbei. Zwischen den Hunden läuft der HF (Übung 6a). Wenn die Laufrichtung um 180 Grad geändert wird, wird ein noch höherer Grad der Konfrontation erreicht; die laufenden Hunde gehen direkt auf die sitzenden Hunde zu bzw. gehen direkt an ihnen vorbei, ohne dass ein HF zwischen ihnen läuft oder steht.

In Übung 7 bringt zunächst jeder HF seinen H neben einer Pylone ins **SITZ**. Die Teilnehmer der beiden Gruppen starten nacheinander, wie in der Skizze mit Nummern angedeutet. Erst wenn Teilnehmer 1 den nächsten Teilnehmer seiner Gruppe (Teilnehmer 2) passiert hat, kann dieser starten und seinem Vorgänger folgen. Nacheinander gehen die Teilnehmer der ersten Gruppe (angedeutet durch blaue Dreiecke, die Spitze der Dreiecke deutet die Blickrichtung an) außen an der Pylonendoppelreihe vorbei, machen um die letzte Pylone dieser Reihe eine Kurve und gehen innen wieder zurück. Der erste Teilnehmer geht nun wieder auf seinen Platz zurück und wird von den nachfolgenden HFn 2 bis 4 überholt. HF 2 bringt seinen Hund an seiner Startpylone ins **SITZ** und wird selbst von den HFn 3 und 4 überholt, die wiederum nacheinander ihre Plätze einnehmen. Sobald die erste Gruppe fertig ist, beginnt die zweite Gruppe (rote Dreiecke, Übung 7b).

In Übung 8 a und b umlaufen sich abwechselnd die seitlich gegenüberstehenden HF. Einer der HF (z.B. rotes Dreieck) behält dabei seinen Hund im **SITZ** während der gegenüberstehende Teilnehmer der anderen Gruppe (blaues Dreieck) links um ihn herum geht. Sobald das „blaue Dreieck" seine Ausgangsposition wieder bezogen hat, startet das „rote Dreieck" mit einer Linksdrehung um seinen gegenüberstehenden Partner (8 c). Dieselbe Übung wird jeweils mit einer Rechtsdrehung wiederholt. In Übung 8 b umkreisen sich die gegenüberstehenden Partner in Form einer Acht, wobei zunächst mit der Rechtsdrehung begonnen wird. Dabei haben die Hunde keinen direkten Kontakt. Anschließend kann die „Acht" auch mit einer Linkskurve begonnen werden, was zum direkten Vorbeigehen des Hundes an den sitzenden Hund führt, und damit schwieriger ist.

Bei der Übung 9 laufen die Teilnehmer der einen Pylonenreihe (blaue Dreiecke) zeitverzögert los. Jeder Teilnehmer umkreist jeden seiner Mitspieler. Zuerst läuft der erste Teilnehmer zur gegenüberstehenden Pylonenreihe und umkreist dort durch Rechtsdrehung den zweiten Teilnehmer. Von dort aus geht es wieder zurück zur eigenen Reihe. Der zweite Teilnehmer dieser Reihe wird mit einer Linksdrehung umkreist usw. Am Ende angekommen geht es außerhalb der Doppelreihe zurück zum Ausgangsplatz. Inzwischen wird der zweite Teilnehmer derselben Gruppe seine Kreise gezogen haben und zur Startpylone zurückgekehrt sein. Wenn alle Teilnehmer der Gruppe (blaue Dreiecke) ihre Laufstrecke hinter sich gebracht haben, beginnen die Teilnehmer der anderen Gruppe (rote Dreiecke) mit derselben Übung.

In Übung 10 starten die jeweils ersten Teilnehmer beider Reihen zeitgleich. Ihre Laufstrecken verlaufen so, wie in Übung 9 erklärt, aber durch das gleichzeitige Loslaufen begegnen sich die Hundeführer mit ihren Hunden bei jedem Seitenwechsel. Diese Begegnung kann sowohl durch direktes aneinander Vorbeigehen entweder der Hunde oder der Hundeführer erfolgen.

Übung 11 (ohne Skizze) wird identisch zu der Übung 6 bei Markierungsreihen mit mittlerem Abstand durchgeführt. Die Teilnehmer bilden mit ihren sitzenden (oder auch im **PLATZ** wartenden Hunden) ein Spalier durch das jeweils der Hund eines Teilnehmers zu seinem Frauchen bzw. Herrchen laufen soll. Durch den geringeren Abstand der beiden Pylonenreihen (3 bis 4 Meter) im Vergleich zu den Markierungsreihen mit mittlerem Abstand (6 bis 8 Meter) ist diese Übung deutlich schwieriger.

Sie sehen, dass eine Vielzahl von Übungen und Übungsvarianten möglich sind. Anfänglich erscheinen die Laufrouten z.T. verwirrend und nicht alles klappt auf Anhieb. Davon sollten Sie sich aber nicht entmutigen lassen. Die Beschreibungen sollen als Anregungen verstanden werden. Beim Training in der Gruppe kann man von Zeit zu Zeit immer mal eine neue Übung dazu nehmen oder aber beim Festlegen der Laufrouten einfach seiner Kreativität freien Lauf lassen.

Slalomfieber

Für das Spiel „Slalomfieber" ist ein Markierungsparcours erforderlich, der zwei ineinander greifende Slalomrouten ermöglicht (siehe Skizze S. 62). Die Aufgabe jedes einzelnen Mitspielers und jeder der beiden Gruppen besteht darin, sich selbst und der Gruppe eine vollständige Slalomrunde zu ermöglichen, und die gegnerische Mannschaft an einer solchen zu hindern. Es gibt also Einzel- und Mannschaftssiege.

Es werden drei parallele Markierungsreihen aufgebaut. Sie sollten einen Abstand von etwa 2 Metern zueinander haben, sodass zwei Hundeführer mit ihren Hunden bequem aneinander vorbeigehen können. Die Markierungen in einer Reihe sollen ebenfalls etwa 2 Meter voneinander entfernt sein. Als Markierungen werden für die Mittelreihe Hürden- bzw. Slalomstangen verwendet. Für die beiden Außenreihen können außerdem noch Pylonen o.ä. eingesetzt werden.

Bevor man mit dem eigentlichen Spiel beginnt, sollten die Teilnehmer schon zwei gleich große Gruppen bilden und die Laufroute üben. Gruppe 1 läuft den Slalom unter Einbeziehung der linken und mittleren Markierungsreihen. Gruppe 2 verwendet die Markierungsreihen rechts außen und in der Mitte. Die Teilnehmer beider Gruppen starten abwechselnd und zeitverzögert. Welche Gruppe zuerst an den Start geht, kann ausgelost oder willkürlich festgelegt werden, wenn man ein zweites Spiel anschließt, bei dem die andere Gruppe beginnt, gleichen sich kleine Startungerechtigkeiten wieder aus.

Wenn der erste Teilnehmer der Startergruppe die zweite Markierung der Mittelreihe erreicht hat, kann sich der Nachfolger (also der erste Starter der anderen Gruppe) auf den Weg begeben. Wenn die Slalomstrecke absolviert ist, geht es für Gruppe 1 links außen und für Gruppe 2 rechts außen zurück und es beginnt eine neue Slalomrunde. Auch beim nächsten Start achtet man auf die zeitliche Verzögerung zum Vorgänger.

Wenn sich die Laufrouten und die Startbedingungen für jeden eingeprägt haben, kann man die Spielregeln besprechen und das Spiel beginnen. Und das geht so:

Jeder Gruppe wird eine Farbe zugewiesen, z.B. rot für Gruppe 1 und grün für Gruppe 2. Außerdem werden die Hürdenstangen der Mittelreihe abwechselnd mit den beiden Farben gekennzeichnet. Zu diesem Zweck haben sich Wäscheklammern bewährt. Die ersten beiden Stangen erhalten jeweils beide sowohl eine rote als auch eine grüne Klammer. Ab der dritten Markierungsstange wird jede zweite, und damit geradzahlige Slalomstange mit einer roten Wäscheklammer bespickt und die ungeradzahligen Stangen bekommen eine grüne Klammer. Jeder Teilnehmer muss bei der Bewältigung seiner Slalomstrecke darauf achten, dass jede Markierung der Mittelreihe eine Klammer in der Farbe seiner Gruppe hat. Wenn die entsprechende Klammer fehlt, muss er seinen Slalom an dieser Stelle beenden. Er geht entweder nach links (Gruppe 1) oder nach rechts außen und von dort aus zurück zur Startposition. Hier angekommen, kann er sofort wieder starten sobald sein Vorgänger die zweite Markierung der Mittelreihe erreicht hat. Das Ziel des Spiels besteht darin, dass sich die Hundeführer die gesamte Slalomstrecke „erarbeiten", indem sie nach und

Wenn die Klammer in der Gruppenfarbe fehlt, ist der Slalom an dieser Stelle beendet und man muss an den Start zurückgehen.

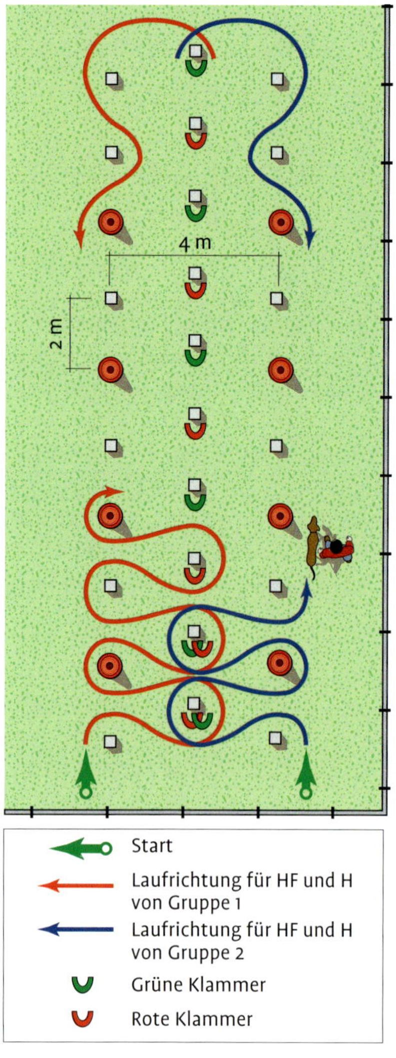

Slalomfieber.

Übungsablauf: Slalomfieber

- 4 bis 12 Teilnehmer.

Parcoursaufbau:

- Drei parallele Markierungsreihen, Abstand der Reihen und benachbarter Markierungen einer Reihe etwa 2 Meter;
- mittlere Reihe: 8 Hürdenstangen, Markierungen der beiden Außenreihen stehen zu den mittleren Markierungen „auf Lücke" (s. Skizze),
- Stangen der Mittelreihe abwechselnd rot und grün markieren, die ersten beiden Stangen erhalten beide Markierungen,
- undurchsichtige Klammerbox mit roten und grünen Klammern vor erster Markierung der Mittelreihe aufstellen bzw. anhängen.

Regeln:

- Zwei gleich große Gruppen, Gruppe 1 rot, Gruppe 2 grün,
- Start abwechselnd aus jeder Gruppe, wenn Vorgänger 2. Markierung der Mittelreihe erreicht hat,
- Slalomroute Gruppe 1: linke und mittlere Markierungsreihe,
- Slalomroute Gruppe 2: rechte und mittlere Markierungsreihe,
- Slalomroute wird beendet, wenn an Stange der mittleren Markierungsreihe Klammer in der Gruppenfarbe fehlt, dann muss HF/H nach links (Gruppe 1) bzw. rechts (Gruppe 2) außen und zurück zum Start, Neustart unter Einhaltung der Regeln (Zeitverzögerung einhalten) möglich.

Regeln und Spielablauf:

- Gruppen bilden,
- Teilnehmer beider Gruppen starten abwechselnd, HF entnimmt eine Klammer,
- Klammerfarbe entspricht der Gruppenfarbe: Anbringen an Mittelmarkierung während des Slalomlaufes,
- Klammerfarbe der gegnerischen Mannschaft: Klammer zurücklegen, auf Slalomweg wird eine Klammer der Gegenmannschaft von Mittelmarkierung entfernt, Zurücklegen in Klammerbox auf Rückweg,
- Einzelsieg: erster Teilnehmer mit kompletter Slalomroute,
- Mannschaftssieg: Gruppe, die komplette Slalomstrecke laufen konnte.

Trainiert wird:

- Leinenführigkeit.

nach die fehlenden Klammern anbringen, oder aber Klammern der gegnerischen Gruppe entfernen. Zu diesem Zweck hängt an der ersten Markierung ein undurchsichtiger Klammerbeutel mit roten und grünen Klammern, aus der sich jeder Hundeführer zu Beginn seiner Slalomstrecke eine Klammer entnehmen kann. Der Behälter ist so beschaffen, dass keiner der Hundeführer sehen kann, welche Klammer er greift. Es gibt also zwei Möglichkeiten; entweder der Hundeführer zieht eine Klammer in der Farbe seiner Mannschaft oder in der Farbe der gegnerischen Gruppe. Im ersten Fall benutzt er die Klammer, um sie an einer Markierung der Mittelreihe, die noch keine Klammer in der entsprechenden Farbe trägt, anzubringen. Damit verlängert er seine „begehbare" Slalomstrecke um mindestens diese eine Markierung. Im zweiten Fall kann er die Klammer in der Farbe der gegnerischen Mannschaft sofort wieder zurücklegen. Sie bedeutet für ihn, dass er auf seinem Slalomweg eine Klammer in der Farbe der gegnerischen

Mannschaft von einer Mittelmarkierung entfernen und auf dem Rückweg in den Klammerbehälter legen darf. Mit dieser Aktion kann er also die Laufroute für die Hundeführer der gegnerischen Mannschaft an genau dieser Markierung unterbrechen.

Sieger ist derjenige, der zuerst die vollständige Slalomrunde bewältigen konnte, d.h. jede Stange der Mittelreihe trug eine Klammer in der Farbe seiner Gruppe.

Es kann aber auch ein Mannschaftssieg gefeiert werden. Die Siegergruppe ist diejenige Gruppe, deren Teilnehmer zuerst alle die vollständige Slalomrunde hinter sich bringen konnten.

Hundehalma

„Hundehalma" ist ein Gehorsamsspiel mit wenig Bewegung. Es eignet sich deshalb nicht als Anfangsübung einer Ausbildungsstunde. Gönnen Sie Ihrem Vierbeiner vorher ausreichend Bewegung und starten Sie beide völlig entspannt in einer Gruppe, in der sich die Hunde schon etwas kennen und keine Feindseligkeiten an der Tagesordnung sind. So können Sie gut das **BLEIB**-Kommando trainieren.

Übungsablauf: Hundehalma

- 6 bis 12 Teilnehmer.

Regeln und Spielablauf:

- zwei gleich große Gruppen bilden; ein Berater pro Gruppe bestimmen,
- Startposition: HF einer Gruppe und Berater rechts neben einer Markierung der äußersten Markierungsreihe, H im **SITZ** oder **PLATZ**, andere Gruppe auf ebenso auf gegenüber liegender Seite,
- jede Gruppe muss gegenüber liegende Seite erreichen, jede Gruppe hat abwechselnd einen „Zug",
- festlegen, wer ersten Zug hat,
- ein „Zug": Bewegung eines HF/H zur nächsten Markierung wie folgt:
- ausgehend von Stange: geradeaus oder seitlich nach links oder rechts, nicht schräg zur Seite,
- ausgehend von Pylone: geradeaus oder seitlich schräg nach rechts oder links, Winkel von 90° ist nicht erlaubt,
- zurück gehen nicht erlaubt,
- Mannschaftssieg: Diejenige Gruppe, die als erste komplett die andere Seite erreicht hat.

Trainiert werden:

- Kommandos **SITZ**, **BLEIB**,
- Geduld für HF und H,
- Konfrontation.

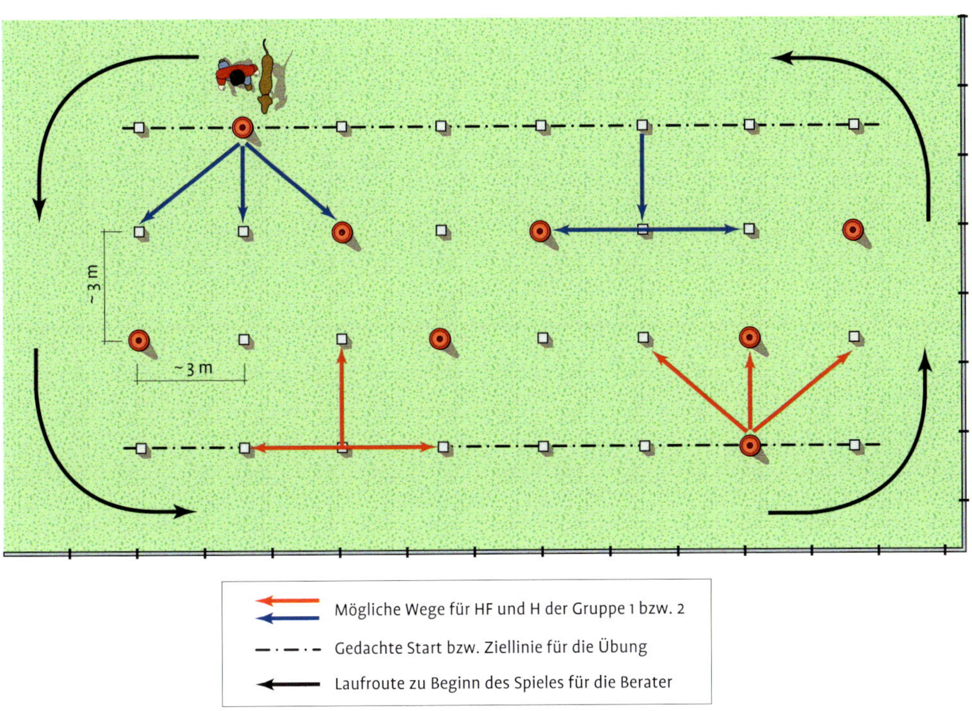

Hundehalma.

Geduld ist gefragt: Die Hunde müssen so lange warten, bis sie wieder am Zug sind. Dabei müssen sie zusätzlich die Nähe der anderen Hunde dulden.

Für das Spiel werden mehrere Markierungsreihen aufgebaut. Der Abstand zwischen zwei benachbarten Markierungen beträgt 3 Meter (siehe Skizze).

Die Aufgabe beim Spiel „Hundehalma" besteht für zwei Gruppen darin, nach bestimmten Regeln die beiden gegenüberliegenden Seiten des Markierungsfeldes zu wechseln. Eine Gruppe kann aus drei bis sechs Startern bestehen. Diejenige Hundeführergruppe, die zuerst komplett die andere Seite erreicht hat, hat gewonnen. Während bei dem ähnlichen Brettspiel zwei oder mehrere Mitspieler das Setzen ihrer kleinen Figuren auf einer möglichst kurzen Route koordinieren, sollen hier unsere Hundeführer-Hund-Teams eine Strecke bewältigen. Für die Koordination der einzelnen Züge wird von jeder Gruppe ein Berater bzw. Mentor bestimmt. Dieser ist für die einzelnen Züge der Mitspieler seiner Mannschaft verantwortlich und ist zugleich einer der Mitspieler.

Die beim Seitenwechsel einzuhaltenden Regeln lauten wie folgt: Ein „Zug" bedeutet die Fortbewegung von einer Markierung zur nächsten in Richtung Ziel, also zur gegenüberliegenden Seite. An einer Markierung darf sich jeweils nur ein Hundeführer mit seinem Hund aufhalten. Die Wartezeiten zwischen zwei „Zügen" werden im **SITZ/BLEIB** oder **PLATZ/BLEIB** überbrückt.

Ausgehend von einer Hürdenstange darf der nächste Zug nur geradeaus oder seitlich quer zur nächsten Markierung erfolgen. Bei einer Pylone angekommen, kann der nächste Zug sowohl geradeaus als auch diagonal in beide Richtungen zur nächsten Markierung erfolgen. Das Rückwärtslaufen ist von keiner Markierung aus gestattet.

Sobald einer der Spieler die andere Seite erreicht hat, läuft er nach ausgiebigem Loben um den Parcours herum. Nach jedem Spielzug seiner Mannschaft wechselt er die Richtung – dadurch läuft er möglicherweise einem oder mehreren Teilnehmern der gegnerischen Mannschaft entgegen. Dabei gehen sie jeweils links aneinander vorbei.

Welche Gruppe den ersten Spielzug hat, wird ausgelost.

Mühle – Ein kleines Spiel für zwischendurch

Für das Mühlespiel stellt man sechzehn Markierungen, wie z.B. Pylonen, in vier Viererreihen auf. Der Abstand von zwei benachbarten Pylonen sollte etwa 3 Meter betragen.

Die Mitspieler bilden zwei gleich große Gruppen. In einer Gruppe müssen mindestens drei Teilnehmer sein. Jede Gruppe benennt einen Mitspieler zum Spielleiter. Er ist derjenige, der den anderen Mitspielern seiner Gruppe eine Position im Spielfeld zuweisen darf. Die beiden Spielleiter losen um den ersten „Zug" auf dem Spielfeld. Anschließend laufen alle Hundeführer (einschließlich der Spielleiter) völlig ungeordnet in unserem Feld herum. Der Spielleiter, der den ersten Zug machen darf, darf nun dem ersten Teilnehmer seiner Gruppe eine bestimmte Pylone zuweisen. Dieser geht zur angewiesenen Stelle und bringt seine Hund dort ins **SITZ**. Nun ist der andere Spielleiter an der Reihe, das gleiche zu tun. Ziel ist es, wie beim gleichnamigen Brettspiel eine „Mühle zu bauen", die dann fertig ist, wenn drei Mitspieler einer Gruppe in einer waagerechten oder senkrechten oder auch diagonalen Reihe eine Position haben. Das ergibt einen Pluspunkt für die entsprechende Mannschaft. Außerdem kann der Spielleiter einen Mitspieler der gegnerischen

Mannschaft bitten, auszuscheiden. Das bedeutet, der entsprechende Mitspieler muss das Spielfeld verlassen. Bei nur drei Mitspielern pro Gruppe, erübrigt sich dies jedoch. Hier sollte man gleich nach der ersten fertigen Mühle den Pluspunkt für die Mannschaft registrieren und von vorn starten. Mit steigender Teilnehmerzahl wird das Spiel abwechslungsreicher.

Die Gruppe mit der ersten fertigen Mühle kann einen Mitspieler der gegnerischen Mannschaft bitten, das Spielfeld zu räumen.

Wenn jedem Hundeführer ein Platz zugewiesen wurde, wird wie beim Brettspiel verfahren. Die Spielleiter müssen versuchen, ihre „Mühlsteine" derart zu setzen, dass der Gegner „handlungsunfähig" wird. Das bedeutet, möglichst viele Mühlen zu bauen, um damit dem Gegner die Mühlsteine zu entziehen. Diejenige Mannschaft, die die meisten Mühlen in einer bestimmten Spielzeit bauen kann bzw. den Gegner durch das Ausscheiden seiner Hundeführer unfähig macht, eine komplette Mühle bauen zu können, hat gewonnen.

In einer kleinen Abwandlung des Spiels, darf der Spielleiter nur den Namen des Mitspielers, den er für den nächsten Zug vorgesehen hat, nennen, nicht aber die Position, die er einnehmen soll. Diese bestimmt der Mitspieler selbst.

Weitere Variationsmöglichkeiten bietet das Spiel indem der Spielleiter die Art der Warteposition (**SITZ** oder **PLATZ**) an den Pylonen festlegt.

Mit dem Mühlespiel werden Konfrontationen der Hunde geübt, die Leinenführigkeit wird trainiert und Kommandos wie **SITZ**, **PLATZ** und **BLEIB** werden gefestigt. Die Geduld der Mitspieler und ihrer Hunde wird auf die Probe gestellt. Daher empfiehlt sich das Mühlespiel nicht als Anfangsübung für eine Ausbildung. Es ist günstig, eine Übung mit mehr Bewegung zu Beginn durchzuführen und das Mühlespiel anschließend zu spielen.

Übungsablauf: Mühle

- 8 bis 12 Teilnehmer,
- 16 Markierungen, möglichst Pylonen, in 4 parallelen Reihen aufstellen, Abstand jeweils etwa 2 bis 3 Meter.

Regeln und Spielablauf:
- Spielleiter losen um den ersten Zug,
- alle laufen kreuz und quer, Spielleiter weisen abwechselnd HF Position auf Spielfeld zu, H macht SITZ neben Pylone.

Ziel:
- Bau von Mühlen, eine Mühle: 3 HF einer Mannschaft haben drei nebeneinander liegende Positionen, Ausscheiden eines HF der gegnerischen Mannschaft oder nur Freigeben der Markierung und als „Mühlstein" weiterhin mitmachen,
- HF einer fertigen Mühle brauchen nicht ausscheiden,
- weiterer Spielablauf wie „richtiges" Mühlespiel.

Mögliche Variationen:
- Spielleiter bestimmen nur Namen von HF, HF legt selbst den Zug fest,
- Zugeordnete Positionen ändern sich von **SITZ** ins **PLATZ**, oder legen Spielleiter individuell fest,
- Strafpunkte, wenn Hunde die Position verändern.

Trainiert werden:
- Leinenführigkeit,
- Konfrontation der Hunde und Gewöhnung aneinander,
- Kommandos, wie z.B. **SITZ** und **BLEIB**.

Übungen und Spiele
mit verschieden angeordneten Markierungen

Der Markierungswald

Für das Spiel „Der Markierungswald“ werden Markierungen der Wahl (Pylonen, Hürdenstangen und Stühle) auf einem Areal von etwa 10 mal 20 Metern aufgestellt. Die Abstände zwischen den Markierungen können variabel sein, sollten aber aus Sicherheitsgründen 2,5 Meter nicht unterschreiten. Die Skizze zeigt ein Beispiel für eine mögliche Anordnung der Markierungen.

Die Aufgabe eines jeden Teilnehmers besteht in der Überquerung des „Markierungswaldes“. Entweder von links nach rechts oder von oben nach unten oder umgekehrt. Auch das diagonale Überqueren von einer Ecke zur nächsten ist möglich. Jeder Hundeführer muss dabei mit seinem Hund jede Markierung anlaufen, wobei er abwechselnd jeweils eine Pylone und eine Hürdenstange ansteuern muss. Um jede Pylone macht er eine komplette Linksdrehung und um jede Hürdenstange eine komplette Rechtsdrehung. Die Stühle dienen ebenfalls als Markierungen und müssen also angelaufen werden. Der HF muss sich setzen und seinen Hund vor sich in die Position **BLEIB** bringen. Es ist ihm überlassen, ob der H lieber sitzt, steht oder liegt. Der H muss so lange in dieser Position verbleiben, bis ein Nachfolger den Stuhl ansteuert. Dieser hat erst den Stuhl mit dem ersten HF und H zu umkreisen, bevor der sitzende HF mit seinem H weiterziehen darf und der zweite HF

Der Markierungswald.

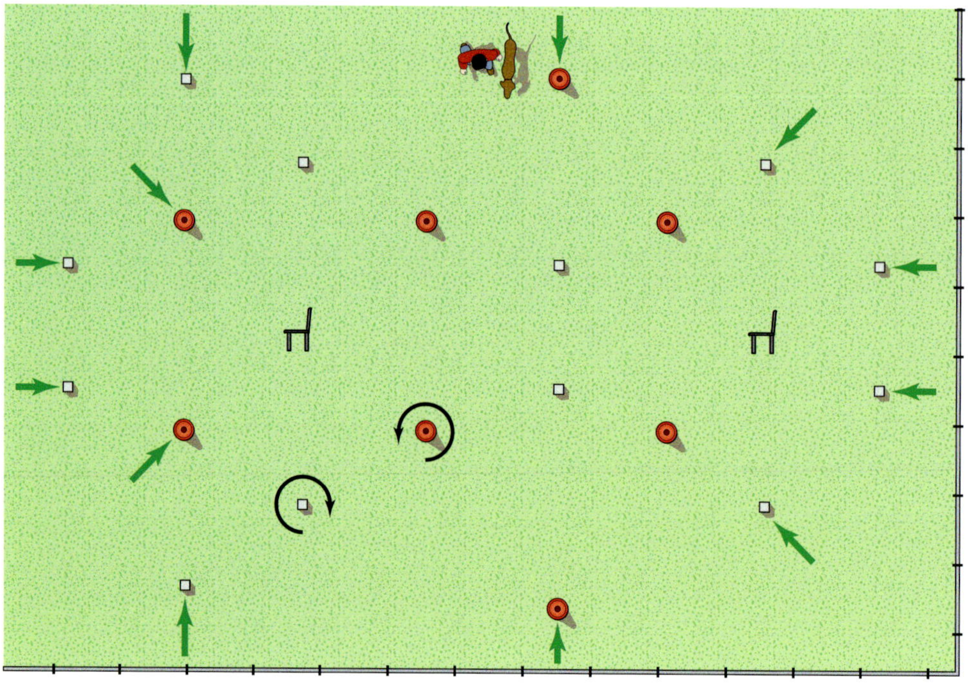

sich setzen kann. Die beiden letzten „Stuhlsitzer“ müssen auf ihren Stühlen so lange ausharren bis Teilnehmer, die den Markierungswald schon hinter sich gebracht haben, gebeten werden können, sie „auszulösen“. Diese dürfen auf direktem Weg zu den Stühlen gehen, den Stuhl mit dem Hundeführer und wartenden Hund umkreisen und wieder den Markierungswald auf einem beliebigen Weg verlassen.

Spielregeln: Die „Stuhl-Auslöser“ bekommen einen Pluspunkt. Jeder, der den Wald durchquert, aber nicht alle Markierungen passiert hat, bekommt für jede ausgelassene Markierung einen Minuspunkt. Um dies gut kontrollieren zu können, empfiehlt es sich, jeden Teilnehmer mit Kennzeichen auszurüsten, die für ihn typisch sind und der Anzahl der Markierungen entsprechen (also 22). An jeder Markierung kann er dann ein Kennzeichen anbringen bzw. auslegen. Für diesen Zweck eignen sich Wäscheklammern in unterschiedlichen Farben und Formen. Wäscheklammern haben den Vorteil, dass man sie gut an der Kleidung befestigen kann und somit keine Transportprobleme hat. Sobald einer der Teilnehmer den Markierungswald durchquert hat, aber trotzdem noch Klammern an seiner Kleidung findet, muss er wohl die eine oder andere Markierung ausgelassen haben, was ihm Minuspunkte in der Anzahl der noch vorhandenen Klammern einbringt.

Der Markierungswald

- 2 bis 12 Teilnehmer,

Regeln und Spielablauf:
- Ziel: direkte Überquerung des Markierungsfeldes, ausgehend von jeder beliebigen Seite zur gegenüberliegenden,
- HF mit spezifischen Kennzeichen ausrüsten (z.B. Wäscheklammern in bestimmter Farbe und Form), Anzahl der Klammern entspricht der Anzahl der Markierungen,
- Umkreisen jeder Markierung auf dem Feld nötig, Stangen rechts umkreisen,
- Pylonen links umkreisen, eine Klammer anbringen bzw. ablegen,
- Stühle zählen als Markierung, HF setzt sich, H ins **SITZ**, **PLATZ** oder **STEH**, warten auf Ablösung durch anderen HF,
- HF, der ablöst, umkreist sitzenden HF mit H, dann Platzwechsel,
- die letzten HF bitten um Ablösung durch fertige HF, direkter Hin- und Rückweg (Pluspunkt),
- ausgelassene Markierungen (noch anheftende Klammern): Minuspunkte.

Trainiert werden:
- ständige Richtungswechsel (Umkreisen der Markierungen) verbessern Aufmerksamkeit/Leinenführigkeit,
- Konfrontation,
- Kommandos **SITZ**, **PLATZ**, **STEH**, **BLEIB**, **FUSS**.

Übungen am Viereck

Mit Hilfe eines Vierecks können vor allem Übungen zur Leinenführigkeit und kontrollierten Konfrontation der Hunde durchgeführt werden. Im einfachsten Fall brauchen nur die Ecken markiert werden. Weitere Markierungen auf den einzelnen Seiten bieten außerdem die Möglichkeit, Slalomabschnitte zu laufen.

Übungsformen am einfachen Viereck

Die Größe des Vierecks richtet sich nach der Anzahl der Teilnehmer. Ein Viereck mit einer Größe von 10 mal 10 Meter eignet sich für eine Gruppe von bis zu 8 Teilnehmern.

Die Teilnehmer bilden zwei gleich große Gruppen. Die Teilnehmer einer Gruppe laufen im „Gänsemarsch“. Die ersten Hundeführer beider Gruppen starten zeitgleich an einer Ecke des Vierecks und laufen in entgegengesetzter Richtung außen um das Viereck herum bis zur gegenüberstehenden Markierung. Dort treffen sich die Teilnehmer der beiden Gruppen und laufen paarweise auf der Diagonalen des Vierecks zur Startmarkierung zurück. Diese **Übung** kann mehrfach wiederholt werden.

Übung 2: Bei der nächsten Übung laufen die Teilnehmer das Viereck in Form einer „Acht“ ab. Beide Gruppen starten an einer Ecke, z.B. Pylone 1 (siehe Skizze S. 68) und

Übungsformen am einfachen Viereck

- teilweise starke Konfrontationen: Anleinen der Hunde empfohlen,
- 4 bis 8 Teilnehmer bei ca. 10 mal 10 Metern, erweiterbar,

Regeln und Spielablauf:
- zwei gleich große Gruppen bilden,
- zeitgleicher Start beider Gruppen im „Gänsemarsch".

Übung 1:
- Start an Pylone 1 (siehe Skizze), Umlaufen des Vierecks in entgegengesetzter Richtung bis Pylone 4, dann paarweise zurück zu Pylone 1,
- beliebig oft wiederholbar.

Übung 2 a bis c:
- Start an Pylone 1, Umlaufen des Vierecks in Form einer „Acht", Loslaufen beider Gruppen in entgegen gesetzter Richtung, bis zu Pylone 2 bzw. 3, jetzt einander entgegenlaufen, HF gehen direkt aneinander vorbei, H nicht (Übung 2 a),
- dann gehen H direkt aneinander vorbei (Übung 2 b) und Gruppen passieren sich im Slalom (Übung 2 c),
- nach Begegnung zu Pylone 4, von dort aus paarweise zurück zu Pylone 1.

Übung 3 a:
- Laufrichtung wie Übung 2 bis Pylone 2 bzw. 3, Verteilen von HF und H Gruppe 1 auf Diagonale zwischen Pylone 2 und 3, H ins **SITZ** (Übung 3 a), Teilnehmer Gruppe 2 passieren HF/H-Gruppe 1 im Slalom,
- nach Begegnung laufen alle zu Pylone 4, von dort aus paarweise zurück zu Pylone 1,
- dieselbe Übung, aber Wechsel der Gruppen,

Übung 3 b:
- wie Übung 3 a, H warten im **PLATZ**,

Übung 4 a:
- Laufroute wie Übung 2, Begegnung zwischen Pylonen 2 und 3 beliebig, Stopp an Pylone 4 für Gruppe 1,
- Teilnehmer Gruppe 2 auf Diagonale zwischen Pylonen 4 und 1 verteilen, H im **SITZ** (Übung 4 a),
- Slalom um HF/H durch Gruppe 1, für alle Außenroute zu Pylone 4, Gruppe 2 passiert wartende Gruppe 1 im Slalom.

Übung 4 b:
- wie Übung 4a, H warten im **PLATZ**;

Trainiert werden:
- Leinenführigkeit und Konfrontation,
- Kommandos **SITZ**, **PLATZ**, **BLEIB**.

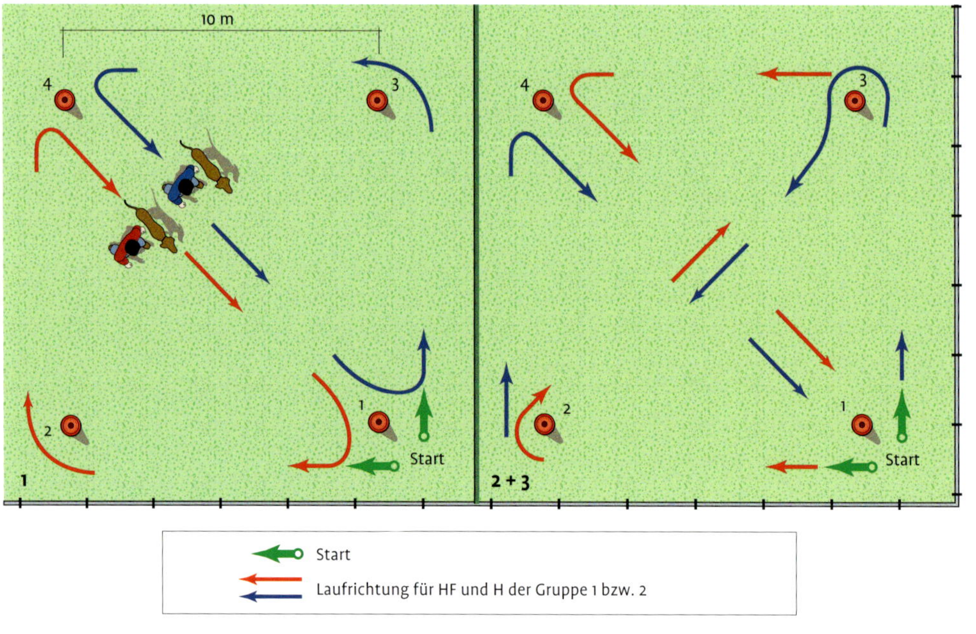

Übungsformen am einfachen Viereck.

laufen bis zu Pylone 2 bzw. 3). Von dort aus laufen beide Gruppen die Diagonale zur Ecke gegenüber, also aufeinander zu. Die Hundeführer gehen aneinander vorbei, d.h. zwischen zwei sich begegnenden Hunden laufen jeweils die beiden Hundeführer. Nach der Begegnung und am Ende der Diagonalen biegt jede Gruppe in Richtung Pylone 4 ein. Dort angekommen geht es wie in Übung 1 paarweise zurück zu Pylone 1. Das Ganze wird wiederholt.

In der nächsten Übung erfolgt die direkte Begegnung der Hunde auf der Diagonalen zwischen den Markierungen 2 und 3. Und in einer dritten Übung mit derselben Laufroute passieren sich die Teilnehmer der beiden Gruppen im Slalom.

Übung 3: Die Laufroute wird wie in Übung 2 beschrieben beibehalten. Auf der ersten Diagonalen zwischen den beiden Pylonen 2 und 3 verteilen sich die Hundeführer der ersten Gruppe und bringen ihre Hunde ins **SITZ**. Die Teilnehmer der anderen Gruppe passieren die erste Gruppe im Slalom. Beide Gruppen laufen die Viereck-Acht bis zu ihrem Ende und wiederholen die Übung, indem die Hunde der anderen Gruppe auf derselben Diagonalen ins **SITZ** gebracht werden und von der anderen Gruppe in gleicher Weise passiert werden. Dieselbe Übung wird wiederholt, indem die Hunde auf der Diagonalen jeweils ins **PLATZ** gelegt werden und von den Teilnehmern der anderen Gruppe im Slalom passiert werden.

Für **Übung 4** wird die Laufroute der Acht ebenfalls beibehalten. Die Begegnung auf der ersten Diagonalen zwischen den Pylonen 2 und 3 erfolgt beliebig. Bei der Diagonalen zwischen den Pylonen 4 und 1 wartet zunächst eine Gruppe vor Pylone 4, während die Teilnehmer der anderen Gruppe sich auf der Diagonalen verteilen und die Hunde ins **SITZ** bringen, die nun von hinten von der anderen Gruppe überholt wird. Bei der nächsten Runde wechseln die beiden Gruppen ihre Positionen. Das nächste Überholmanöver geschieht mit jeweils liegenden Hunden. Jede Gruppe muss nacheinander alles machen. Zuerst verteilen sich die Teilnehmer von z.B. Gruppe 1 auf der Diagonalen und die Teilnehmer der Gruppe 2 gehen vorbei und bei der nächsten Übungsrunde wird es andersherum gemacht.

Das Slalomquadrat

Hier wird ein quadratisch aufgebauter Markierungsparcours genutzt, dessen Außenmarkierungen aus 5 mal 5 Hürden- bzw. Pylonenstangen mit einem Abstand von ca. 2,5 bis 3 Metern bestehen. Die gesamte Innenfläche des so entstandenen Quadrates wird ebenfalls mit Markierungen gleichen Abstands versehen. Als Markierungen können sowohl Pylonen als auch Hürdenstangen verwendet werden (siehe Skizze S. 70).

Übung 1: Alle Teilnehmer starten nacheinander im Gänsemarsch und laufen im Slalom die Außenrunde des Quadrates.

Übung 2: Es werden zwei gleich große Teilnehmergruppen gebildet. Gruppe 1 läuft den Slalom der Außenrunde so wie für Übung 1 beschrieben (siehe Skizze, rote Linie). Gleichzeitig laufen die Teilnehmer der Gruppe 2 in entgegengesetzter Richtung den Slalom des Innenkreises (blaue Linie).

Übung 3: Alle Teilnehmer laufen das Slalomquadrat in Schlangenlinien (siehe Übung 4, blaue Linie).

Übung 4: Gruppe 1 läuft wieder die Route wie für Übung 1 beschrieben (Übung 4, rote Linie) während Gruppe 2 die geschlängelte Laufrichtung durch das Quadrat beibehält (Übung 4, blaue Linie).

Los geht's im Gänsemarsch um das Slalomquadrat.

Das Slalomquadrat.

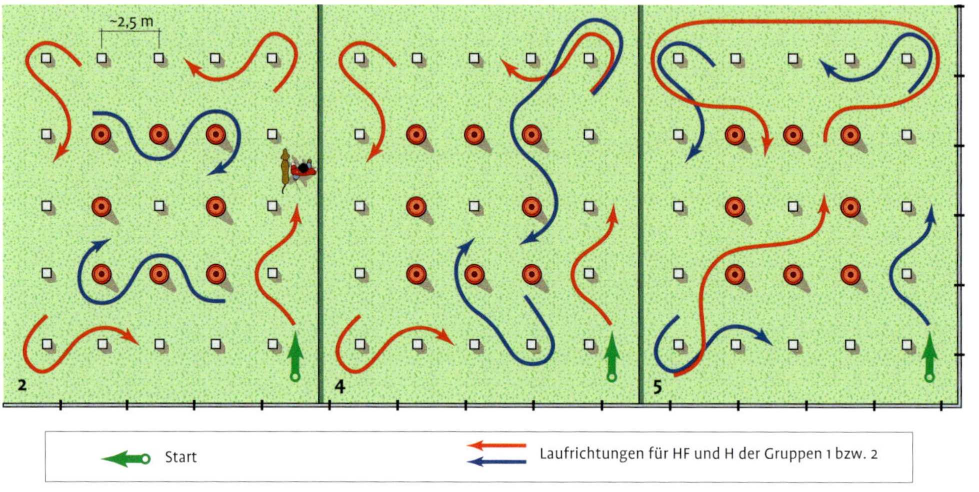

Das Slalomquadrat

- Hunde sind besser angeleint,
- 4 bis 12 Teilnehmer,
- zwei gleich große Gruppen bilden für Übung 2, 4 und 5.

Übung 1:
- Slalom für alle entlang der Außenmarkierungen (siehe Übung 2, rote Linie).

Übung 2:
- Gruppe 1 wie Übung 1, Gruppe 2 Slalom um Pylonen (blaue Linie), entgegengesetzte Richtung.

Übung 3:
- Slalom in Schlangenlinien für alle (siehe blaue Linie).

Übung 4:
- Gruppe 1 (rot) Übung 1, Gruppe 2 gleichzeitig wie Übung 3.

Übung 5:
- Gruppe 2 (blau) Übung 1, Gruppe 1 läuft diagonalen Slalom (rot).

Trainiert werden:
- Leinenführigkeit,
- Konfrontation in Bewegung.

Übung 5: Gruppe 2 (blau) läuft die Außenrunde im Slalom wie in Übung 1 (Übung 5, blaue Linie) während Gruppe 1 die Diagonalen des Quadrates im Slalom geht (Übung 5, rote Linie).

Nicht Hunde- sondern Pferdesprünge

Das Spiel „Nicht Hunde- sondern Pferdesprünge“ nutzt das Markierungsquadrat, dessen Aufbau beim Spiel „Das Slalomquadrat“ (s. S. 69) beschrieben wurde. Einige Markierungen im Quadrat werden vor dem Spiel mit Klammern bestückt, die es nun einzusammeln gilt. Es können 2 bis 8 Teilnehmer mit ihren Hunden daran teilnehmen. Sie starten an einer beliebigen Außenmarkierung und bewegen sich von Markierung zu Markierung mit einer bestimmten Route, die den Sprüngen eines Pferdes beim Schachspiel gleicht, d.h. entweder eine Markierung vorwärts oder rückwärts und zwei nach rechts oder links oder aber zwei Markierungen vorwärts oder rückwärts und eine nach rechts oder links, also jeweils L-förmig, wobei das „L“ sowohl liegen als auch stehen (aufrecht oder auf dem Kopf) kann. Dabei spielt keine Rolle wie der exakte Weg von der Startmarkierung zur Zielmarkierung aussieht. Die Hundeführer können sowohl Slalom laufen als auch gerade an den Markierungen vorbei laufen. An der Zielmarkierung angekommen wird der

Hund ins **SITZ** geschickt, wenn die Markierung keine Klammer zu bieten hat. Wenn die Markierung jedoch mit Klammern bestückt sein sollte, gibt man das Kommando **PLATZ**. Während der Hund geduldig im **PLATZ** wartet, kann der Hundeführer eine Klammer abnehmen und an seine Kleidung stecken. Und weiter geht's mit dem nächsten „Pferdchensprung“. Auf diese Weise kann sich jeder Teilnehmer im Markierungsquadrat bewegen und dabei möglichst viele Klammern einsammeln. Vor dem ersten vollzogenen Pferdesprung darf keine Klammer abgenommen werden. Das bloße Hin- und Herspringen zwischen zwei begehrten, klammertragenden Markierungen ist nicht gestattet. Wenn zufällig zwei Teilnehmer an derselben Markierung ankommen, werden beide Hunde – jeder an einer Seite der Markierung – ins **SITZ** bzw. **PLATZ** gebracht. Das ist eine besondere Konfrontationssituation, bei der sich die Hunde sehr nahe kommen. Es ist deshalb etwas Vorsicht geboten, ob die Hunde dieser Situation gewachsen sind. Wenn Probleme befürchtet werden, sollte besser einer der Teilnehmer etwas warten, bis der andere den nächsten Zug macht.

Das Spiel kann zu jeder beliebigen Zeit beendet werden, spätestens jedoch, wenn alle Klammern eingesammelt worden sind. Sieger ist natürlich derjenige, der die meisten Klammern eingesammelt hat.

Während sich die Menschen eine Klammer anstecken, warten die Hunde geduldig im **SITZ** oder **PLATZ**.

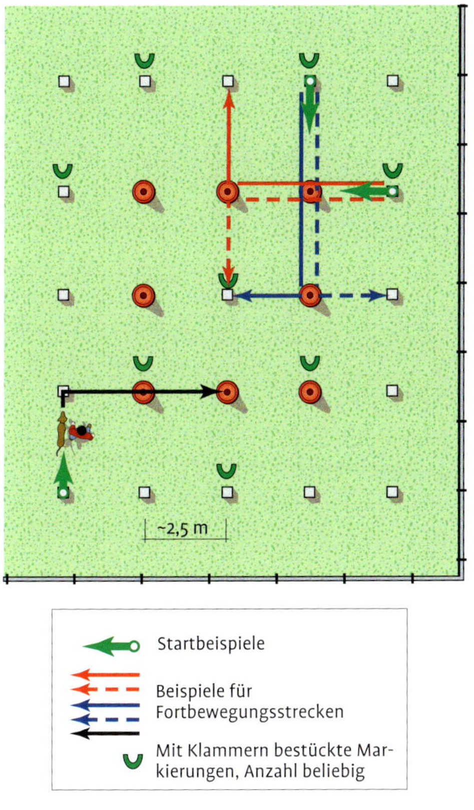

Pferdesprünge

- Nicht Hunde- sondern Pferdesprünge:
- 2 bis 8 Teilnehmer,
- Markierungen wie Slalomquadrat (siehe S. 70), Markierungen mit grünem Stern mit beliebig vielen Klammern bestücken (siehe Skizze S. 71),

Regeln und Spielablauf:

- Start aller Teilnehmer zeitgleich an beliebiger Außenmarkierung,
- Laufstrecke: wie der Zug eines Pferdes beim Schachspiel, L-förmig, siehe schwarze, rote und blaue Linien als Beispiele in Skizze S. 71.

Aufgabe:

- möglichst viele Klammern einsammeln, eine Klammer pro Station, nicht an Startmarkierung,
- am Ende jeden Zuges macht H **PLATZ**, wenn Klammern vorhanden oder **SITZ**, wenn nicht,
- Hin- und Herspringen zwischen 2 Markierungen nicht erlaubt.

Trainiert werden:

- Leinenführigkeit,
- Konfrontation,
- Kommandos **SITZ** und **PLATZ**.

Für die Auswertung kann man sich verschiedene Varianten einfallen lassen. Man kann die Teilnehmer bitten, die Anzahl der eingesammelten Klammern mit 10 zu multiplizieren – bis dahin wird vermutlich die Freude bei den „Jägern und Sammlern" groß sein – doch dann kann man vorschlagen, dass der entsprechende Betrag in Cent in die Gruppenkasse zu entrichten ist. Dadurch sind die Sieger ein klein wenig zu Verlierern geworden und umgekehrt. Beabsichtigt ist schließlich, dass alle Kommandos akkurat und nicht etwa unter Zeitdruck durchgeführt werden. Spiele wie diese, bei denen die Geschwindigkeit eine große Rolle spielt, könnten zur flüchtigen Durchführung verleiten. Wenn aber keiner weiß, wie die Siegerauswertung anschließend vonstatten geht, ist das direkte Interesse, der Schnellste zu werden, nicht mehr so groß. Vermutlich fallen Ihnen auch noch andere Varianten zur Auswertung ein, der Phantasie sind in dieser Hinsicht schließlich keine Grenzen gesetzt.

Der Plumpsack geht 'rum

Der „Plumpsack geht 'rum" ist ein beliebtes Kinderspiel. Der Grundgedanke des Spiels wurde für das folgende Spiel beibehalten. Entsprechend der Skizze unten werden Markierungen bestehend aus Pylonen und Hürdenstangen aufgestellt, die die Form einer Acht ergeben. Die Anzahl der Pylonen sollte dabei der Anzahl der Teilnehmer entsprechen. Entsprechend einer Acht laufen die Teilnehmerteams außen um die Markierungen (oder im Slalom um alle Markierungen) herum. Die Achterform ergibt sich durch die beiden mittleren Hürdenstangen durch die die Teilnehmer hindurch gehen. Die Achterform hat den Vorteil, dass die Laufrichtung nicht zu eintönig wird, wie dies bei einer Kreisform der Fall wäre. Wenn die „Acht" im Slalom gelaufen werden soll, so läuft am besten der Trainer die Strecke einmal gemeinsam mit den Teilnehmern ab, sodass sich die Laufstrecke für jeden gut einprägen kann.

Der Plumpsack geht 'rum.

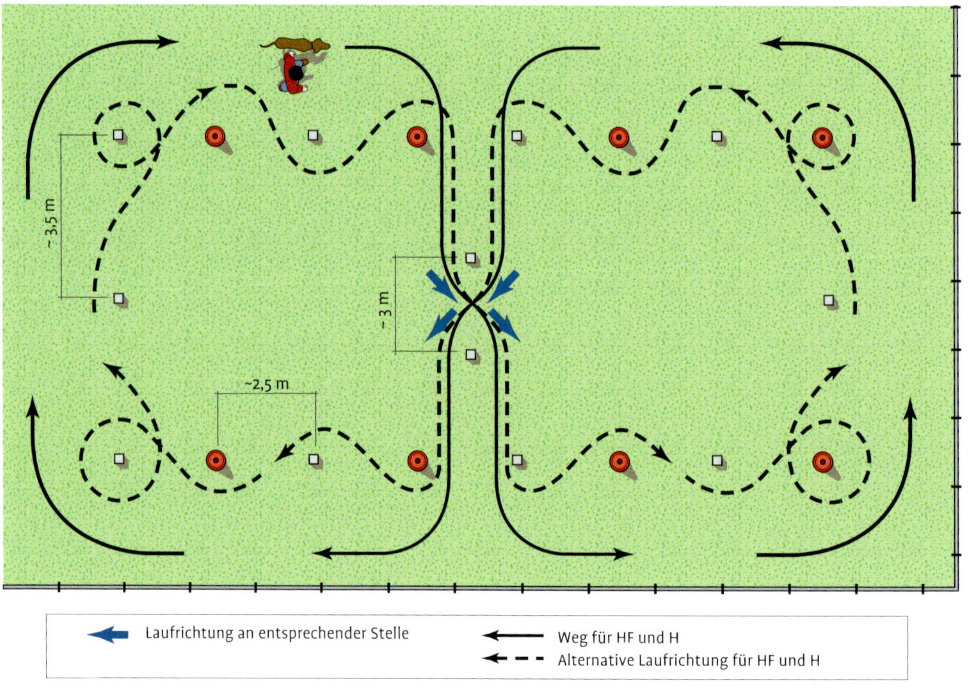

Sobald jedem Teilnehmer die Laufstrecke bekannt ist, darf sich jeder eine Pylone aussuchen. Die Pylone bleibt stellvertretend für ihn stehen, während er selbst anders als beim Kinderspiel ständig die Slalomacht läuft und somit in Bewegung bleibt.

Als Plumpsack eignet sich ein Gegenstand, der in die kreisförmige Öffnung der Pylone eingehängt werden kann. Dazu eignet sich ein gebogener Draht oder ein Haken, den man durch das Loch der Pylone von oben her einführen kann und der über den Rand der Pylonenöffnung gehängt wird.

Einer der Teilnehmer beginnt als Plumpsackträger, er wird ausgelost. Während die gesamte Gruppe die Slalomacht läuft, versteckt der Plumpsackträger den Plumpsack in einer der Pylonen. Im Gegensatz zu seinen Mitspielern braucht der Verstecker nicht die komplette Acht zu laufen, sondern nur einen der beiden Kreise bis er wieder die entsprechende Pylone mit dem Plumpsack erreicht hat. Wenn in der Zwischenzeit der Pylonenbesitzer den versteckten Plumpsack nicht bemerkt hat, muss er wie beim Kinderspiel ins „faule Ei". Er geht in die Mitte eines der beiden Kreise und bringt dort seinen Hund ins **PLATZ/BLEIB**. Beide müssen so lange warten, bis es einen Nachfolger gibt, der sie auslöst.

Bemerkt der entsprechende Teilnehmer jedoch den versteckten Plumpsack, so darf er auf dem kürzesten Weg zu „seiner" Pylone gehen und den Plumpsack entnehmen, um ihn selbst während der Achterumrundung zu verstecken.

Wenn sich einer der Teilnehmer hinsichtlich des versteckten Plumpsacks irrt und versehentlich zu seiner Pylone läuft, kassiert er 10 Strafpunkte, geht ins „faule Ei" und löst eventuell damit seinen Vorgänger ab.

Während der Wartezeit im „faulen Ei" darf der Hund seinen **PLATZ/BLEIB**-Befehl nicht allein auflösen. Sollte die Gefahr bestehen, dass der Hund die Wartezeit nicht aushält, so soll der Hundeführer von sich aus das Kommando auflösen. Das kostet ihn 5 Strafpunkte.

Der Plumpsack geht 'rum

- Der Plumpsack geht 'rum:
- Vorsicht beim Ableinen,
- 4 bis 12 Teilnehmer,
- Zuordnung der Teilnehmer zu je einer Pylone, Anzahl der Pylonen entspricht der Anzahl der Teilnehmer.

Regeln und Spielablauf:

- HF laufen in Form einer „Acht" außerhalb (oder im Slalom) der Markierungen herum,
- Plumpsackträger versteckt Plumpsack in einer der Pylonen (einhängen), läuft als einziger nicht die komplette „Acht", sondern nur einen der beiden Kreise,
- „Pylonenbesitzer", der versteckten Plumpsack nicht bemerkt, muss nach erster Kreisumrundung des Plumpsackversteckers ins „faule Ei" (H in Kreismitte, **PLATZ/BLEIB**) bis zur Ablösung, 10 Strafpunkte,
- Kommando **PLATZ/BLEIB** auflösen, wenn nötig (5 Strafpunkte),
- „Pylonenbesitzer", der versteckten Plumpsack während der ersten Kreisumrundung des Plumpsackversteckers bemerkt, geht auf kürzestem Weg zu seiner Pylone, entnimmt Plumpsack, wird zum Verstecker,
- „Pylonenbesitzer" irrt sich hinsichtlich des versteckten Plumpsacks und geht zu seiner Pylone, 10 Minuspunkte.

Minuspunkte:

- HF, der den versteckten Plumpsack nicht bemerkt: 10 Minuspunkte,
- HF läuft versehentlich zu seiner Pylone, weil er den Plumpsack darin vermutet: 10 Minuspunkte,
- H hebt **PLATZ-/BLEIB**-Befehl auf: 20 Minuspunkte;
- HF gestattet H aufzustehen: 5 Minuspunkte.

Trainiert werden:

- Leinenführigkeit,
- **PLATZ/BLEIB**,
- Gewöhnung der Hunde aneinander.

Steht jedoch der Hund auf, ohne dass sein **PLATZ/BLEIB**-Kommando von seinem Frauchen bzw. Herrchen aufgelöst worden ist, so kostet dies 20 Strafpunkte. Die Hundeführer sind also gut beraten, ihren Hund zu beobachten. So ersparen sie ihm einen eventuellen Kommandoverstoß; was aus der Sicht einer guten Erziehung stets anzuraten ist.

Sturm im Wasserglas

Bei dem Spiel „Sturm im Wasserglas“ wird die Leinenführigkeit der Hunde getestet. Jeder Teilnehmer trägt einen Plastikbecher, der randvoll mit Wasser gefüllt ist. Die Wassermenge im Becher wurde zuvor mit Hilfe eines Messzylinders exakt bestimmt und aufgeschrieben. Der Becher wird mit der Führhand des Hundeführers getragen. Bei links geführten Hunden ist dies die rechte Hand. Dazu wird die Leine des Hundes mit einer Schlaufe um das Handgelenk gelegt. Die andere Hand nimmt die Leine nahe dem Halsband. Hundeführer und Hund laufen nun entsprechend der Skizze die Slalomroute, die mit einer durchgehenden Linie markiert ist, durch den Parcours. Am Scheitelpunkt (in unserer Skizze oben) angekommen, gehen die Teilnehmer mit ihren Hunden abwechselnd den linken bzw. rechten Rückweg. Der Hund wird in die Box geschickt und muss dort für einige Sekunden im **SITZ** verbleiben. Der Hundeführer betritt nicht die Box, sondern stellt sich davor. Anschließend wird der Hund mit dem Kommando **FUSS** zum Weitergehen aufgefordert, wobei er die Box über die Eintrittsseite wieder verlassen soll. Der Rückweg wird weiter von zwei Slalomstangen und einer Pylone markiert. Die Slalomstangen werden jeweils rechts herum und die Pylone links herum umkreist. Dabei läuft der Hund außen bzw. innen um die Markierung herum. Wenn der Rückweg geschafft ist, wird die „Messstelle“ angesteuert, die an beliebiger Stelle des Ausbildungsplatzes sein kann. Dort wird mit Hilfe eines Messzylinders die

Sturm im Wasserglas.

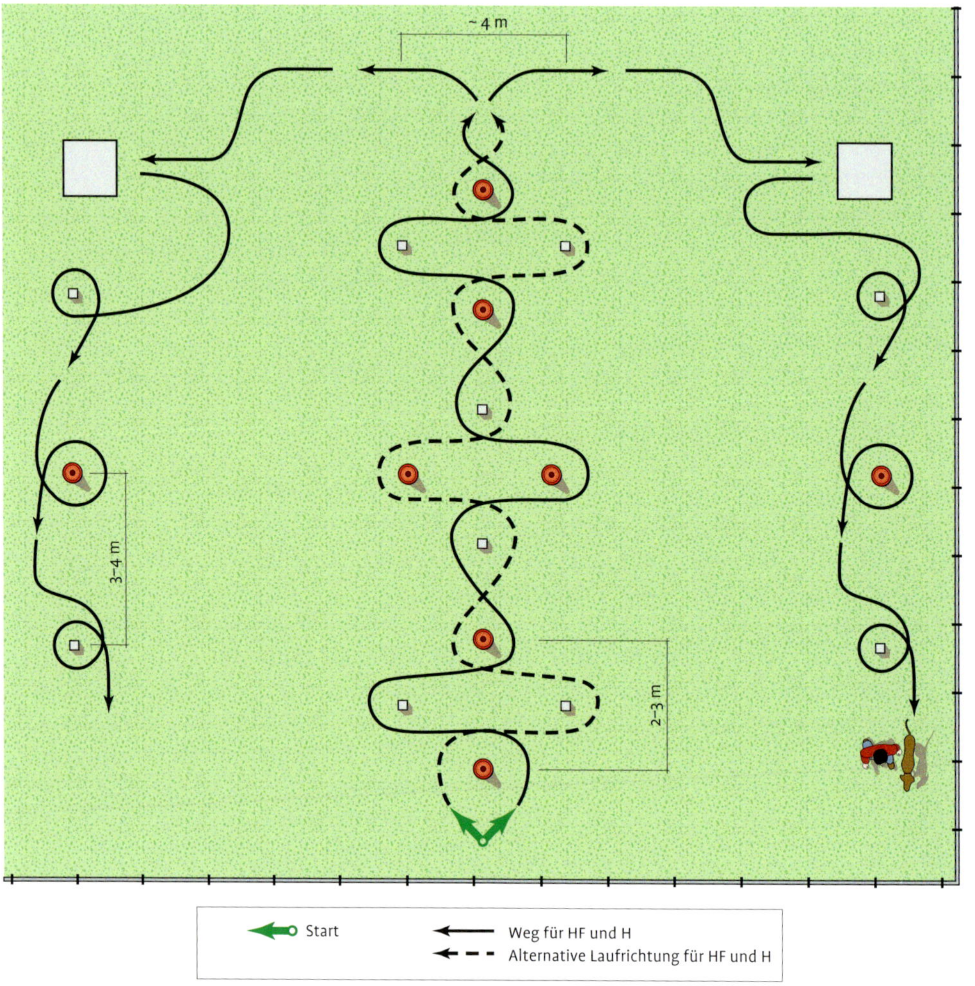

noch vorhandene Wassermenge im Becher gemessen. Die verlorengegangene Wassermenge ergibt sich aus der Differenz zwischen dem Startwasservolumen und dem Wasservolumen am Ende des Durchganges und entspricht den Minuspunkten des Teilnehmerduos.

Im zweiten Durchgang gehen zeitgleich zwei Teilnehmer an den Start: sie gehen links und rechts von der Pylone an den Start. Beide Teilnehmer benutzen auf dem Slalomweg die Strecke, die in der Skizze mit der durchgehenden Linie bzw. mit der gestrichelten Linie gezeichnet wurde. Aus der Skizze wird ersichtlich, dass sich dabei die Wege der Hundeführer mit ihren Hunden kreuzen. Im Durchgang 2 gehen die Hundeführer, aber nicht die Hunde, direkt aneinander vorbei. Im Durchgang 3 wird der Schwierigkeitsgrad durch die direkte Begegnung der Hunde erhöht.

Die Wassermengen werden zu Beginn und am Ende jeden Durchganges erfasst. Gestartet wird immer mit einem randvollen Becher (am besten mit Wasser).

Spätestens nach drei Durchgängen wird eine Spielpause gemacht.

Das Spiel zur Leinenführigkeit lässt sich in vielen Varianten durchführen. Beispielsweise können an den verschiedensten Stellen **BLEIB**-Übungen mit integriert werden. Während ein Teil der Hunde im **PLATZ/BLEIB** oder **SITZ/BLEIB** warten muss, gehen die anderen an ihnen vorbei oder im Slalom um sie herum.

Sturm im Wasserglas

- alle Hunde sind angeleint,
- 4 bis 16 Teilnehmer.

Regeln und Spielablauf:

- Becher randvoll mit Wasser füllen, Wassermenge erfassen (Messzylinder),
- Becher mit „Führhand“ tragen (Schlaufe um Handgelenk).

Übung 1:

- zeitverzögerter Start der Teilnehmer, HF führen Hund (Skizze, durchgezeichnete Linie), nach Slalom abwechselnd links oder rechts zurück,
- Wassermenge am Ziel messen, Verlustvolumen entspricht Anzahl der Minuspunkte.

Übung 2:

- zeitgleicher Start von zwei Teilnehmern (Skizze S. 74 durchgezogene Linie bzw. Strichlinie), jede Wegkreuzung ohne direktes aneinander Vorbeigehen der H,

Übung 3:

- direkte Begegnung.

Trainiert wird:

- Leinenführigkeit ohne und mit Konfrontation der Hunde.

Osterlauf

Für die Osterzeit eignet sich der Osterlauf besonders gut. Ähnlich wie bei dem Spiel „Sturm im Wasserglas“ muss die Leinenführigkeit unter Beweis gestellt werden. Jeder Teilnehmer wird mit einem Löffel und einem farbigen Osterei ausgerüstet. Die Führ-

Wenn das Osterei zu Boden fällt, muss man von vorne beginnen.

hand – bei links geführten Hunden ist es die rechte Hand – trägt den Löffel, auf dem das Ei liegt. Dazu macht man mit der Leine eine Schlaufe um das rechte Handgelenk (bei rechts geführten Hunden um das linke Handgelenk). Alle Teilnehmer laufen nun nacheinander unter Wahrung eines gewissen Abstandes (in etwa der Abstand zwischen Start und dem Scheitelpunkt in der Skizze) eine vorgegebene Route im Parcours (siehe Skizze). Jedes Herunterfallen des Eis vom Löffel wird mit einem Minuspunkt geahndet. Der Teilnehmer muss das Ei wieder auf den Löffel legen und von vorn beginnen. Zunächst geht es durch einen kurzen Slalomabschnitt, der von einer Hürde unterbrochen ist. Danach gabelt sich der Weg, sodass die Teilnehmer abwechselnd links bzw. rechts wieder zurückgehen. Auf dem Rückweg müssen an einigen Markierungen Kommandos ausgeführt werden. Zunächst kommen nacheinander drei Hürdenstangen. An der ersten wird der Hund ins **PLATZ** geschickt, an der zweiten wird das Kommando **STEH** geübt und **SITZ** wird schließlich an der dritten Stange trainiert. Schließlich kommt noch ein Quadrat, das umrundet werden soll. An jeder Ecke gibt man das Kommando **SITZ**. Sobald der erste Teilnehmer fertig ist, führt er seinen Hund in die Mitte des Quadrates. Dort muss der Hund im **PLATZ/BLEIB** warten, bis der Nachfolger seine Runde geschafft hat und ihn ablöst.

Im zweiten Durchgang muss der erste Hund, der um das Quadrat gelaufen ist, in der Mitte des Quadrates im **PLATZ/BLEIB** warten, bis sein Nachfolger das Quadrat absolviert hat. Dann kann er das Quadrat verlassen und der Nachfolger nimmt seinen Platz ein bis wiederum der nächste Teilnehmer um das Quadrat gelaufen ist usw.

Im dritten Durchgang werden die Hunde auf der sonst nicht üblichen Seite des Hun-

Osterlauf

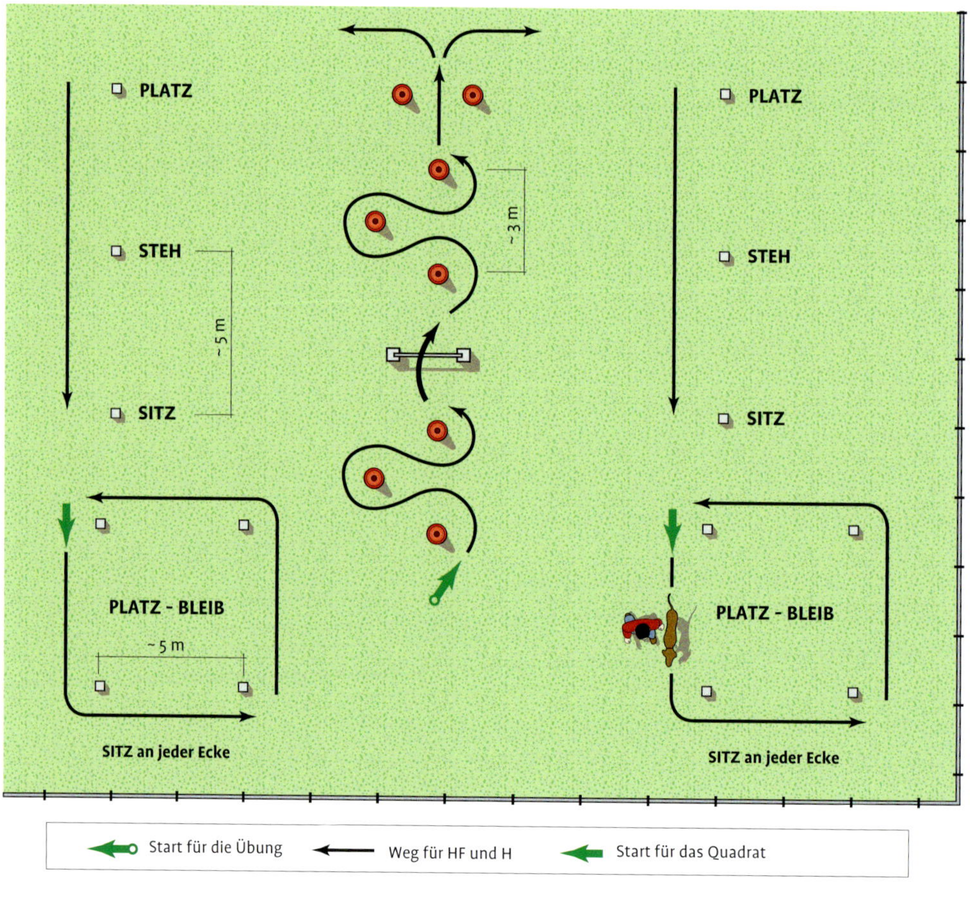

deführers geführt. Also links geführte Hunde laufen nun auf der rechten Seite und umgekehrt. Dementsprechend wechselt auch die Hand, die das Osterei zu tragen hat.

Die Teilnehmer können sich einigen in welcher Form die Minuspunkte geahndet werden. Der Phantasie sind keine Grenzen gesetzt.

Osterlauf

- alle Hunde sind angeleint,
- 4 bis 16 Teilnehmer.

Regeln und Spielablauf:
- Leine um Handgelenk der Führhand, Führhand trägt den Löffel mit dem Osterei,
- zeitverzögerter Start aller Teilnehmer, Parcours (siehe Skizze links) wird gelaufen,
- nach Durchgang zwischen Pylonen am „Scheitelpunkt“, abwechselnd linken bezeihungsweise rechten Rückweg benutzen,
- Ausführen der Kommandos an Markierungen (siehe Skizze),
- Neustart bei Herunterfallen des Eis.

Übung 1:
- siehe Skizze.

Übung 2:
- H macht **PLATZ/BLEIB** in der Mitte des Quadrates während Nachfolger Quadrat läuft, Ablösung durch Nachfolger.

Übung 3:
- Hunde werden auf der sonst nicht üblichen Seite des Hundeführers geführt.

Trainiert werden:
- Leinenführigkeit,
- Kommandos **SITZ**, **PLATZ**, **STEH** (**BLEIB**),
- Konfrontation.

Bau das Nikolaushaus

Sie erinnern sich bestimmt an das Kinderspiel, bei dem mit einem Stift auf ein Blatt Papier das Nikolaushaus gezeichnet wird. Es besteht aus einem Quadrat und einem Dreieck als Dach. Das Quadrat mit seinen beiden Diagonalen sowie das Dreieckdach müssen gezeichnet werden, ohne dass der Stift zwischendurch abgesetzt wird. Der Grundgedanke des Spiels wurde beibehalten und wie folgt verändert: Es werden nebeneinander 5 Markierungen aufgestellt, die die Eckpunkte der beiden „zu zeichnenden“ Nikolaushäuser darstellen sollen. Der Abstand zwischen den Markierungen sollte ungefähr 5 Meter betragen. Die Verbindung zwischen den Markierungen in Form einer bestimmten Laufroute herzustellen, ist die Aufgabe der Teilnehmer. Jede Strecke von Markierung zu Markierung darf nur einmal gelaufen werden. Nach dem Abschreiten jeder Strecke wird diese durch das Auslegen einer Hürdenquerlatte (oder einer sonstigen dünnen Holzlatte) gekennzeichnet. Wenn Pylonen als Markierungen verwendet werden, so können in jede zwei Hürdenquerlatten gesteckt werden, sodass sie beim Spiel gleich zur Hand sind und nicht getragen werden müssen.

Es werden Gruppen mit je zwei Teilnehmern gebildet. Jeder der Teilnehmer geht zu einem der beiden fertig zu stellenden Nikolaushäuser. Beide Hundeführer haben die Aufgabe, zwei identische Nikolaushäuser zu „zeichnen“, d.h., ihre Laufroute von

Hundeführer und Hund laufen von Pylone zu Pylone und legen dabei Latten aus, die die bereits benutzten Wege markieren. So entsteht das Nikolaushaus.

Bau das Nikolaushaus.

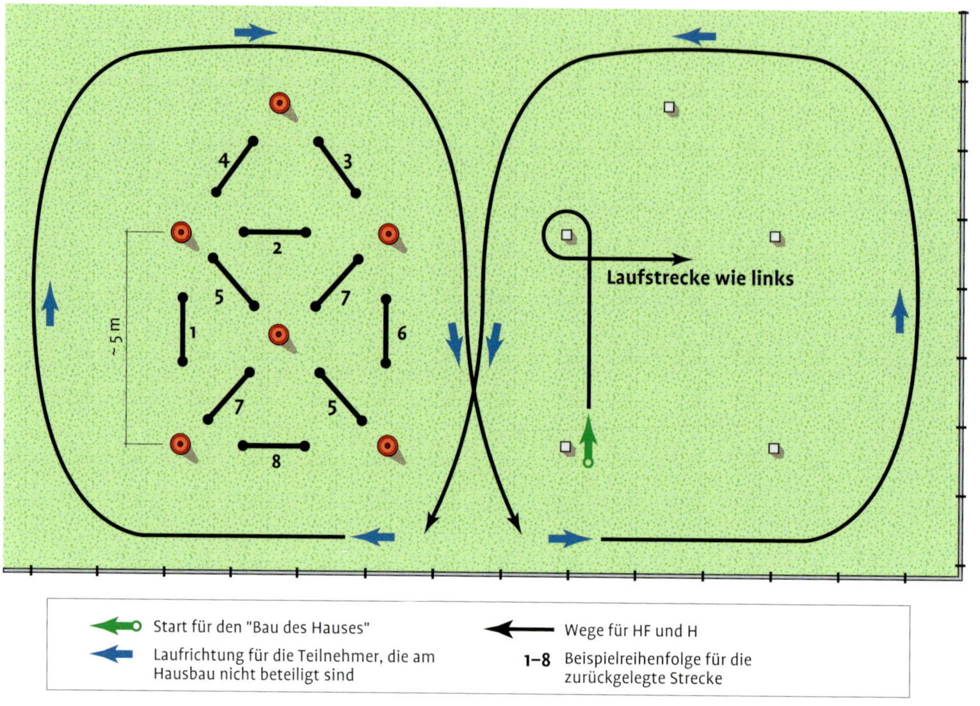

Bau das Nikolaushaus

- 4 bis 12 Teilnehmer,
- Pylonen als Markierungen aufstellen, in jede Pylone zwei Hürdenquerlatten stecken.

Regeln und Spielablauf:

- Markierungen (Pylonen) entsprechen Ecken von 2 Nikolaushäusern (siehe Skizze),
- 2 Hürdenquerlatten pro Pylone,
- Zweiergruppen bilden,
- Start an beliebiger Markierung, dieselbe an beiden Häusern,
- Ablaufen aller Strecken, jede Markierung umkreisen,
- H im **SITZ**, Kennzeichnung jeder gelaufenen Strecke eines Hauses durch je eine Hürdenquerlatte,
- beide HF laufen identische Wege, absprechen möglich,
- jede Strecke nur einmal gehen,
- nicht beteiligte HF gehen außen in Achterform um die Häuser, Richtungswechsel mit jeder ausgelegten Latte,
- Wechsel der Zweiergruppen.

Minuspunkte:

- doppelt gelaufene Strecken zwecks Fertigstellung des Hauses,
- HF einer Zweiergruppe laufen unterschiedliche Strecken,
- Laufroute identisch zu der der Vorgängergruppe.

Trainiert werden:

- Leinenführigkeit,
- Kommando **SITZ**.

Markierung zu Markierung soll jeweils identisch sein. Sie können an einer beliebigen Markierung starten und sich jederzeit über die Laufroute austauschen. Durch die identischen Laufrouten für beide ist es völlig ausreichend, wenn nur einer der beiden die Markierungen für die zurückgelegten Strecken auslegt.

Beim Loslaufen von jeder Pylone nimmt der Hundeführer eine Querlatte aus der Pylone heraus und legt sie auf die Strecke, die er gelaufen ist bzw. beabsichtigt zu gehen. Damit ist die Strecke gekennzeichnet und darf von ihm kein zweites Mal gelaufen werden. Falls dies unumgänglich ist, um das Haus fertig zustellen, kassiert er einen Strafpunkt.

Die Skizze oben zeigt ein „Musterhaus". Hundeführer und Hund starten rechts neben einer Pylone, der Hund sitzt neben dem Hundeführer. Mit dem Kommando **FUSS** geht es zur nächsten, also zweiten Pylone, die komplett umkreist wird. Der Hund wird wieder ins **SITZ** gebracht so lange der Hundeführer damit beschäftigt ist, die Stange auszulegen. Bevor es von hier aus weitergehen kann, wird die Stange entnommen und weiter geht's zur nächsten, also dritten Pylone, die wiederum gänzlich umlaufen wird, bevor der Hund ins **SITZ** gebracht und die Stange ausgelegt wird, um den zurückgelegten Weg zu kennzeichnen. Das Ganze wird so fortgesetzt bis alle Wege markiert sind. Nun ist das Haus fertig und das nächste Teilnehmerduo kann an den Start gehen. Seine Laufroute muss sich von den Weg der ersten Gruppe unterscheiden.

Während des Spieles sollten die anderen Teilnehmer in einer „Acht" um die beiden Nikolaushäuser herumlaufen. Sobald die beiden „Zeichner" eine Hürdenquerlatte ausgelegt haben, ist ein Richtungswechsel mit Linksdrehung fällig.

Das Bleibspiel

Beim „Bleibspiel" sollen sowohl die Kommandos des Grundgehorsams als auch die Geduld der Hunde trainiert werden. Es wird ein Parcours entsprechend der Skizze auf S. 80 aufgebaut. Unmittelbar nach dem Start folgt ein Slalomabschnitt, der nur von den Hunden gelaufen werden soll, während die Hundeführer außen an den Markierungen vorbei laufen. Es folgt eine Hürde. Dahinter gabelt sich der Weg. Auf der linken Parcourshälfte kommt als nächstes der Schlauchtunnel. Die rechte Route soll mit dem Tunnel fortgesetzt werden. Anschließend geht es auf beiden Seiten wieder symmetrisch mit je einer Hürde und drei weiteren Markierungen weiter. An den drei Markierungen werden die Kommandos **PLATZ**, **STEH** bzw. **SITZ** gegeben, die die Hunde für wenige Sekunden ausführen müssen, bevor es mit **FUSS** weiter geht. Nachdem das letzte Kommando ausgeführt worden ist, muss der Hund im **PLATZ/BLEIB** warten.

Die Teilnehmer bilden zwei gleich große Gruppen. Die Teilnehmer der beiden Gruppen starten abwechselnd nacheinander mit einer Zeitverzögerung. Der zweite Teilnehmer darf erst dann mit dem Parcours beginnen, wenn sein Vorgänger die erste Hürde nach dem Slalomabschnitt übersprungen hat. Am „Scheitelpunkt" des Parcours, also nach der ersten Hürde, wenn sich der Weg gabelt, benutzt die eine Gruppe die linke und die andere die rechte Route. Die Teilnehmer bringen nach den Kommandos an den drei Markierungen ihre Hunde ins **PLATZ/BLEIB**. Dort müssen die Hunde so lange warten, bis der letzte Teilnehmer der Gruppe alle Hindernisse bewältigt und Kommandos ausgeführt hat. Diejenige Gruppe, die zuerst ihre Hunde alle im **PLATZ/BLEIB** hat, hat gewonnen. Um Ungerechtigkeiten beim Start auszugleichen, beginnen die beiden Gruppen abwechselnd. Die größten Siegchancen hat die Gruppe, deren Hunde sich zuverlässig ablegen lassen.

Weitere Variationen bestehen darin, dass die Hunde sowohl links als auch rechts geführt werden können und sollten. Das Führen des Hundes, auf der nicht gewohnten

Das Bleibspiel

- 4 bis 12 Teilnehmer.

Regeln und Spielablauf:
- zwei gleich große Gruppen bilden,
- zeitverzögerter und abwechselnder Start je eines HFs einer Gruppe,
- Parcours entsprechend Skizze S. 80 laufen, H links geführt, nach Slalom folgt Hürde, Gruppe 1 weiter durch Schlauchtunnel, Gruppe 2 Tunnel, Hürdensprung für beide Gruppen,
- Anlaufen aller Markierungen, Ausführen der Kommandos **PLATZ**, **STEH**, **SITZ**, H wartet anschließend im **PLATZ**, bis gesamte Gruppe fertig,
- weitere Durchgänge, Gruppen starten abwechselnd, H auch links geführt.

Pluspunkt:
- alle Teilnehmer einer Gruppe haben Parcours bewältigt und H im **PLATZ/BLEIB**.

Minuspunkt:
- H löst Kommando **PLATZ/BLEIB** von sich aus auf.

Trainiert werden:
- Bewältigung Agilitygeräte,
- Kommandos **SITZ**, **PLATZ**, **STEH**, **BLEIB**, **FUSS**.

Das Bleibspiel.

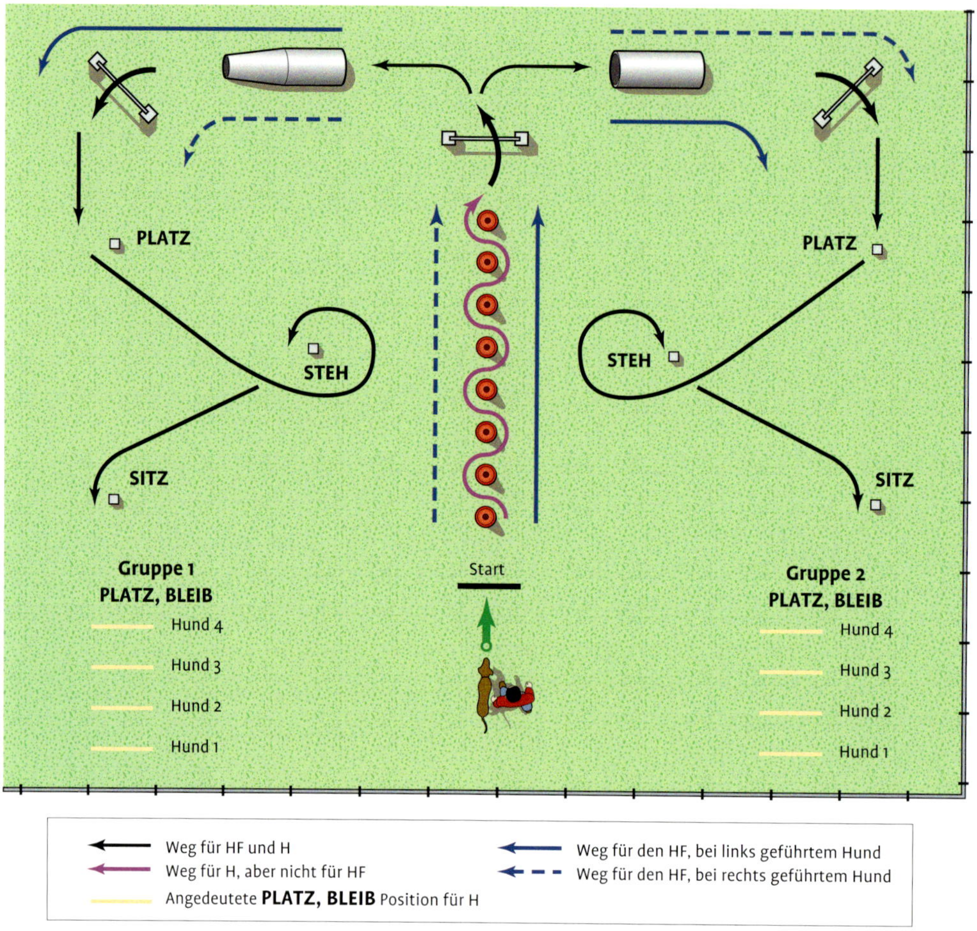

Seite, ist eine gute Übung für das Agilitytraining.

Diejenige Gruppe, deren Hundeführer als erste den Parcours bewältigt und ihre Hunde im **PLATZ/BLEIB** hat, bekommt den Pluspunkt. Jeder Hund, der von sich aus das **PLATZ/BLEIB**-Kommando auflöst, straft seine Gruppe mit einem Minuspunkt.

Rette sich wer kann!

Auf dem Ausbildungsplatz werden verschieden große Bereiche gekennzeichnet, die Rettungsinseln darstellen sollen. Dafür können die Boxlatten der Agilitybox verwendet werden. Hürdenstangen, die mit Absperrband verbunden werden oder aber auch nur hingelegte Holzstangen, leisten ebenfalls gute Dienste. Die Anzahl und die Größe der einzelnen „Rettungsinseln" richtet sich nach der Teilnehmerzahl. Jede Insel ist für eine bestimmte Anzahl von Teilnehmern vorgesehen. Ein Schildchen (hierfür können Agilitynummernschilder verwendet werden) am Ein- und Ausgang der Insel kennzeichnet dies. Die Skizze auf Seite 81 zeigt ein Beispiel für 12 Teilnehmer.

Zu Beginn des Spiels laufen die Teilnehmer mit ihren Hunden wahllos außen um die Rettungsinseln herum. Auf ein Kommando des Trainers hin (z.B. **JETZT**) sucht jeder so schnell wie möglich eine der Rettungsinseln auf und bringt den Hund dort ins **SITZ**. Sobald eine der Inseln unter oder überbesetzt ist, gibt es Strafpunkte für alle, die auf dieser Insel Zuflucht gefunden haben. Wenn sich Hunde auf einer Insel nicht vertragen sollten, gilt dasselbe. Mit dem Kommando **WEITER** verlassen alle Teilneh-

Rette sich wer kann.

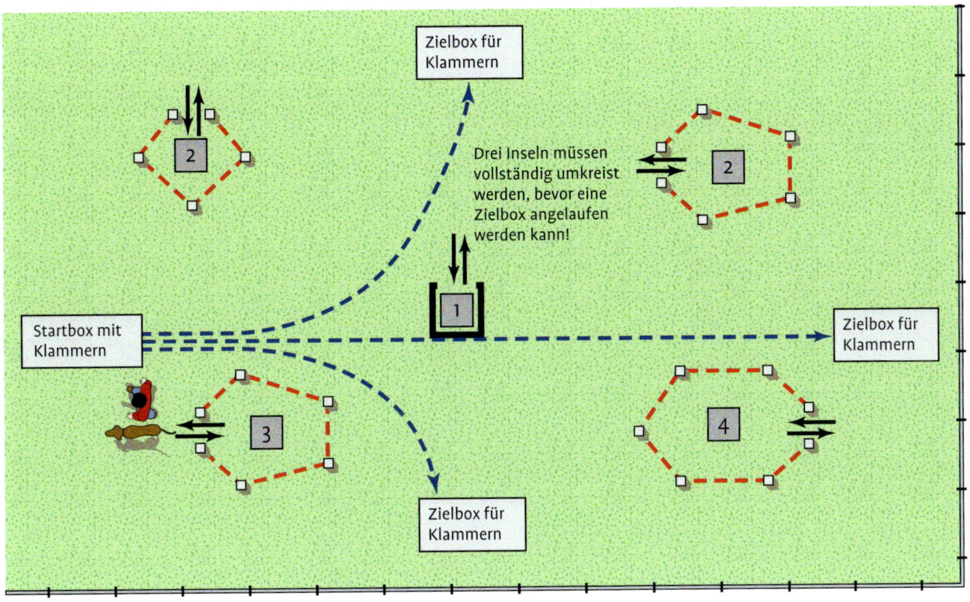

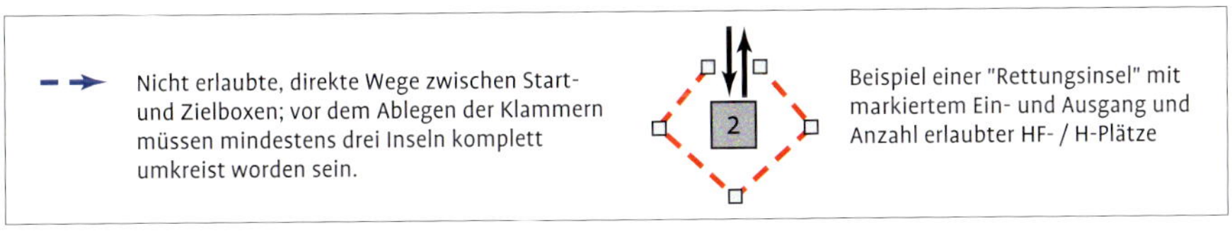

Rette sich wer kann!

- Vorsicht beim Ableinen,
- 6 bis 12 Teilnehmer, erweiterbar.

Regeln und Spielablauf:

- markierte Bereiche als Rettungsinseln,
- Anzahl HF/H pro Rettungsinsel wird festgelegt und gekennzeichnet, Zahl darf weder unter- noch überschritten werden,
- HF/H laufen wahllos um Rettungsinseln herum, Trainer-Kommando (z.B. **JETZT**): schnell Rettungsinseln aufsuchen, registrieren, wo zu wenig und wo zuviel, Trainer Kommando **WEITER**, usw., mehrfach wiederholen.

Minuspunkte:

- jeweils letzter HF, der Rettungsinsel erreicht,
- gesamte Besatzung einer Rettungsinsel, wenn erlaubte Zahl unter- oder überschritten.

Zusätzliche Spielvariante:

- zusätzliche Aufgabe: Klammertransport von Startbox zu einer der Zielboxen,
- nur eine Klammer wird transportiert,
- pro Transport drei vollständige Umkreisungen von Rettungsinseln, Transport wird unterbrochen durch Trainerkommandos/Aufsuchen der Rettungsinseln.

Trainiert werden:

- gegenseitige Duldung der Hunde auf engem Raum (Rettungsinseln), Konfrontation,
- Leinenführigkeit, Kommando **SITZ**.

Rette sich wer kann! Wer schnell genug die Rettungsinsel erreichen kann, ist gerettet. Aber Achtung: Auf jeder Insel darf nur eine bestimmte Anzahl von Hundeführern mit ihren Hunden Zuflucht suchen.

mer wieder die Inseln und gehen außen um sie herum, bis das nächste Kommando zum Aufsuchen der Insel ausgesprochen wird.

Das Spiel kann zur Steigerung der Spannung wie folgt verändert werden: Jeder Teilnehmer soll während des Spielverlaufs möglichst viele Wäscheklammern von einer Startbox in eine der drei Zielboxen transportieren. Zu diesem Zweck entnimmt er aus der Startbox eine für ihn gekennzeichnete Klammer und bringt sie zu einer der Zielboxen. Auf dem Weg dorthin muss er mindestens drei Rettungsinseln komplett umkreisen, bevor er die Klammer in eine Zielbox ablegen darf. Zwischendurch kann natürlich wieder das Kommando zum Aufsuchen der Rettungsinseln kommen, was wie oben beschrieben gehandhabt wird. Anschließend geht es wieder weiter mit dem Transport. Die Unterbrechungen werden für das Zählen der notwendigen Inselumkreisungen nicht berücksichtigt. Pro erfolgreich transportierter Klammer gibt es natürlich einen Pluspunkt.

Agilityspiele

Das Spiel „Die Reise nach Jerusalem“ ist ein bekanntes Party- und Kinderspiel. So wie dieses gibt es natürlich noch weitere spannende Spiele, die man aus Kinderspielen ableiten kann.

Das Stuhlspiel

Das „Stuhlspiel“ beruht auf einem ähnlichen Prinzip. Gemäß der Skizze auf S. 84 wird ein Parcours aufgebaut, der von jedem Teilnehmer im Kreis bzw. im Quadrat gelaufen wird. Die Ecken des Parcours werden mit Pylonen gekennzeichnet. Weiterhin werden auf jeder Seite eine Hürde aufgestellt, Tunnel und Schlauchtunnel sowie Slalomabschnitte werden ebenfalls integriert. Die Auswahl der Geräte bzw. Hindernisse richtet sowohl nach der Verfügbarkeit als auch danach, welche Geräte von den Teilnehmern schon bewältigt werden können. Sollten Tunnel und Schlauchtunnel aus Sicherheitsgründen noch nicht nutzbar sein, so kann man auch andere Geräte verwenden, wie z.B. einen weiteren Slalom oder noch mehr Hürden oder die Bank sowie Wippe und Laufsteg. Das Spiel ist sehr variabel durchführbar.

In der Mitte des Parcours werden Stühle aufgestellt, einer weniger als Teilnehmer da sind. Alle Teilnehmer starten gleichzeitig an einer beliebigen Stelle des Parcours und laufen dem Uhrzeigersinn entgegen (siehe S. 84). Die Eckpylonen sind jeweils komplett zu umkreisen, deshalb ist ein gewisser Sicherheitsabstand zum Nachfolger erforderlich. Alle Teilnehmer laufen so lange den Parcours bis der Trainer ein Kommando (wie z.B. **JETZT**) erteilt, das zum sofortigen Aufsuchen eines Stuhles veranlasst. Dazu wird der kürzeste Weg benutzt, allerdings darf ein begonnener Slalom nicht unterbrochen werden. Er muss erst zu Ende gelaufen werden und dann geht's zum Stuhl. Die Hundeführer setzen sich auf den Stuhl und geben ihren Hunden das Kommando **PLATZ**. Wenn einer der Hunde das Kommando nach einmaliger Aufforderung nicht ausführt, so muss der Hundeführer seinen Platz dem Hundeführer überlassen, der bis dahin noch

Das Stuhlspiel

- Vorsicht beim Ableinen,
- 4 bis 12 Teilnehmer.

Regeln und Spielablauf:
- alle HF/H laufen Parcours entsprechend der Skizze auf S. 84, Abstand halten,
- 1 Stuhl weniger als Teilnehmer,
- Trainerkommando (z.B. **JETZT**), Aufsuchen der Stühle auf kürzestem Weg, Slalom nicht unterbrechen,
- H **PLATZ/BLEIB**,
- HF ohne Stuhl übernimmt Kommando, kein Ausscheiden,
- Kommando **WEITER**,
- Wiederholung,
- Kommandogeber denkt sich Variationen aus, z.B. Kommandos auf Laufroute integrieren, Nichtbenutzen der Geräte.

Minuspunkte:
- HF ohne Stuhl.

Trainiert werden:
- Bewältigung Agilityhindernisse (Hürden, Tunnel, Schlauchtunnel andere Geräte integrierbar),
- Gehorsam, auch Nichtbenutzung von Geräten,
- Kommandos **SITZ**, **PLATZ**, **STEH**, **BLEIB**, **FUSS**,
- Leinenführigkeit,
- Duldung der Hunde untereinander.

Das Stuhlspiel.

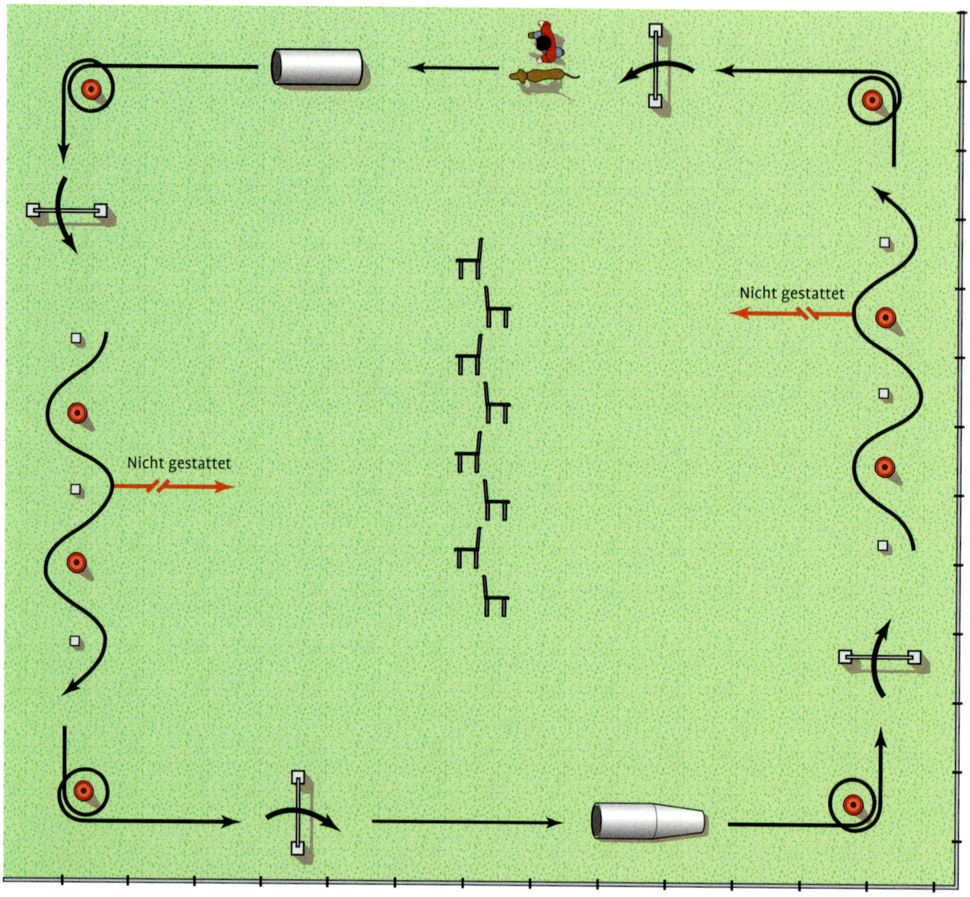

Der "Verlierer" der ersten Runde übernimmt die Regie: Er gibt auch das Kommando für die nächste Spielunterbrechung.

Auf ein Kommando hin, läuft jeder Teilnehmer zu einem Stuhl.

Was es hier wohl zu tun gibt?

nicht sitzt. Der Hundefüher, der beim „ersten Anlauf“ (also ohne das **PLATZ**-Kommando auszusprechen) keinen Stuhl bekam, erhält 5 Minuspunkte; Hundeführer, die ihren Hund nicht auf Anhieb – also einmalige Aufforderung – ins **PLATZ** bekommen haben, erhalten 10 Minuspunkte.

Für die Fortsetzung des Spiels gehen alle Hundeführer zu der Position zurück, die sie vor der Unterbrechung inne hatten. Von dort aus geht es weiter. Derjenige Teilnehmer, der nach den Kinderspielregeln ausscheiden müsste, darf bei diesem Spiel weiterhin mitmachen. Er übernimmt jetzt das Kommando. Jeder weitere „ausgeschiedene“ Teilnehmer übernimmt jeweils für die nächsten Runden das Kommando. Jeder dieser Teilnehmer muss sich eine kleine Veränderung im Ablauf ausdenken. Er kann beispielsweise veranlassen, dass alle Teilnehmer vorübergehend ihre Hunde während des Parcourslaufes ins **SITZ** oder **PLATZ** bringen, oder auch Richtungswechsel können integriert werden.

Nach ca. 15 Minuten sollte man das Spiel unterbrechen. Jetzt kann die erste Punktebilanz gezogen werden.

Das Kärtchenspiel

Es gibt diverse Brettspiele für Kinder, bei denen die Mitspieler reihum würfeln und entsprechend der gewürfelten Zahl eine Figur ein paar Felder weiter setzen. Je nachdem, welches Feld besetzt wird, muss ein Auftrag erfüllt werden. Die Idee mit den Aufträgen an bestimmten Positionen wurde für das Kärtchenspiel genutzt, das wie folgt gespielt wird:

Die Teilnehmer denken sich Regeln für die Reihenfolge des Starts aus, beispielsweise kann dies die alphabetische Reihenfolge der Namen ihrer Hunde sein. Der erste Teilnehmer beginnt und schickt seinen Hund mit dem Kommando **HÜRDE-HOPP** über die Hürde. Anschließend kommt der Slalom.

Seite 86 und 87: Kärtchen
Aufträge im „Kärtchenspiel“, die man an der Agilitybox (A) und/oder dem Tisch (T) bekommt und ausführen soll. An der Agilitybox und dem Tisch steht jeweils eine Kärtchenbox. Die beiden Boxen enthalten einzelne Karten mit Aufträgen, wie aus der Tabelle ersichtlich. Hundeführer, die auf ihrem Parcourslauf die beiden Agilitygeräte erreicht haben, bringen ihre Hunde in eine der vorgeschriebenen Ruhepositionen. Während der Hund so wartet, entnimmt der Hundeführer die oberste Karte und macht sich mit dem Auftrag vertraut, den er zusammen mit seinem Hund auszuführen hat. Dann legt er die Karte ganz nach unten in die Box zurück und folgt den Anweisungen.

Auszuführender Auftrag	A	T
Gehen Sie zur Box zurück und bringen Sie Ihren Hund dort ins **SITZ**. Sie brauchen jedoch kein neues Kärtchen zu entnehmen, sondern können anschließend gleich weitergehen.	–	x

Auszuführender Auftrag	A	T
Üben Sie außerhalb des Spielfeldes mit der langen Leine zweimal das Kommando **SITZ/BLEIB**. Entfernen Sie sich mindestens 5 Meter von Ihrem Hund und warten Sie eine Weile. Dann können Sie ihn wieder abholen. Loben Sie ihn, wenn er brav gewartet hat, legen Sie ihm wieder die kurze Leine an und gehen Sie zum Tunnel. Von dort aus können Sie den Parcours weiter in Richtung Ziel laufen.	x	x

Auszuführender Auftrag	A	T
Üben Sie außerhalb des Spielfeldes die Bank. Führen Sie Ihren Hund einmal links und einmal rechts über die Bank und machen anschließend dort weiter, wo Sie unterbrochen haben.	x	x

Auszuführender Auftrag	A	T
Bieten Sie Ihrem Hund außerhalb des Parcours etwas zum Trinken an und führen Sie das Spiel am Quadrat fort.	x	x

Auszuführender Auftrag	A	T
Bieten Sie Ihrem Hund außerhalb des Parcours etwas zum Trinken an und starten Sie erneut.	x	x

Auszuführender Auftrag	A	T
Üben Sie außerhalb des Spielfeldes mit Ihrem Hund die Kommandos **RECHTS** und **LINKS**. Mache Sie dazu 90 Grad Richtungswechsel (achtmal), kündigen Sie jede Richtungsänderung mit dem Wort RECHTS bzw. LINKS an und leiten Sie dann den Richtungswechsel mit dem linken Bein beginnend ein. Für die Fortsetzung des Spiels müssen Sie leider wieder am Start beginnen.	x	x

Auszuführender Auftrag	A	T
Sie sind ein Glückspilz! Spielen Sie außerhalb des Parcours eine Weile mit Ihrem Hund. Gehen Sie dann zum letzten Slalom! Sie haben das Spiel gleich erfolgreich beendet. Sie können nun außerhalb des Spielfeldes mit der langen Leine üben.	x	x

Auszuführender Auftrag	A	T
Ignorieren Sie alle nachfolgenden Hindernisse, gehen Sie rechts an ihnen vorbei bis zum Tisch, folgen Sie dann wieder den Spielregeln.	x	–

Auszuführender Auftrag	A	T
Üben Sie außerhalb des Spielfeldes mit der langen Leine zweimal das Kommando **HIER**, gehen Sie anschließend mit kurzer Leine zum Quadrat und machen Sie dort weiter.	x	–

Auszuführender Auftrag	A	T
Gehen Sie zum Ende des letzten Slaloms. Bringen Sie dort Ihren Hund ins **PLATZ/BLEIB** und lassen Sie einen Nachfolger an sich vorbeiziehen, dann dürfen Sie wieder weiter gehen	x	x

Auszuführender Auftrag	A	T
Bitte gehen Sie zum Start zurück und beginnen Sie erneut. Sie sind der letzte Starter.	x	x

Auszuführender Auftrag	A	T
Üben Sie außerhalb des Spielfeldes den Laufsteg. Führen Sie Ihren Hund zweimal links und zweimal rechts darüber. Gehen Sie anschließend zum Start und reihen Sie sich dort als Letzter ein, um wieder von vorn zu beginnen.	x	x

Auszuführender Auftrag	A	T
Sie dürfen direkt zum Tisch gehen. Sollte dort gerade ein anderer Teilnehmer mit seinem Hund üben, so kann dieser seine Übung beenden. Sie sind der Nächste!	x	–

Auszuführender Auftrag	A	T
Üben Sie außerhalb des Spielfeldes zweimal **PLATZ** mit dem Wortkommando und mit Handzeichen. Geben Sie dann nur das Handzeichen. Loben Sie den H bei prompter Ausführung und setzen Sie die Übung mit dem Tunnel fort. Wenn Ihr H das Kommando nicht ausführt, unterstützen Sie mit dem Wortkommando. Sie sollten zu Hause üben! Gehen Sie jetzt zum Start zurück und beginnen Sie von vorn!	x	x

Auszuführender Auftrag	A	T
Gehen Sie ins Quadrat! Bringen Sie Ihren Hund ins **PLATZ/BLEIB** und lassen Sie zwei Hunde das Quadrat laufen. Gehen Sie anschließend zum Tunnel des Parcours und gliedern Sie sich wieder ein.	x	x

Auszuführender Auftrag	A	T
Üben Sie außerhalb des Spielfeldes **STEH**. Bringen Sie ihn dazu erst ins **SITZ**, und lassen Sie ihn aus dieser Position heraus aufstehen. Dann soll er aus dem **PLATZ** ins **STEH** übergehen. Loben Sie ihn für die gute Ausführung und gehen Sie zum Start des Parcours, um von vorn zu beginnen. Diesmal brauchen Sie keine Kärtchen zu ziehen. Nur der Parcours muss vollständig überwunden werden.	x	x

Auszuführender Auftrag	A	T
Üben Sie außerhalb des Spielfeldes mit Ihrem Hund **SITZ**. Geben Sie das Kommando verbal und mit Handzeichen. Geben Sie es dann nur als Handzeichen. Wenn der H das Kommando sofort ausführt, können Sie ihn loben und mit dem Quadrat weiter machen. Führt er es nicht sofort aus, so unterstützen Sie ihn mit dem Wortkommando. Loben Sie ihn bei korrekter Ausführung und gehen Sie zum Quadrat.	x	x

Auszuführender Auftrag	A	T
Ihr Hund wünscht sich einen Spaziergang. Gehen Sie mit ihm ganz in Ruhe eine Runde um unser Spielfeld herum und beginnen Sie am Start als Letzter. Beim nächsten Lauf können Sie die Geräte auswählen, die Sie und Ihr Hund üben wollen. Die Box ist allerdings Pflicht, ebenso die Entnahme eines Kärtchens und die Ausführung des verlangten Auftrages.	x	x

Auszuführender Auftrag	A	T
Üben Sie außerhalb des Spielfeldes die Wippe. Führen Sie Ihren Hund einmal links und einmal rechts über die Wippe, gehen Sie anschließend zum Tisch und gliedern Sie sich dort wieder ein.	x	–

Auszuführender Auftrag	A	T
Gönnen Sie sich und Ihrem Hund eine kurze Verschnaufpause. Lassen Sie Ihren Nachfolger vorgehen und folgen Sie ihm anschließend.	x	x

> **Das Kärtchenspiel**
>
> - 4 bis 8 Teilnehmer.
>
> **Regeln und Spielablauf:**
> - Parcours entsprechend Skizze laufen,
> - zeitverzögerter Start aller Teilnehmer,
> - Box: H ins **SITZ** bringen, Kärtchen entnehmen, Auftrag ausführen, Kärtchen an unterster Stelle legen,
> - Tisch: H ins **PLATZ**, HF nimmt Kärtchen, Auftrag ausführen,
> - Sieger: erster im Ziel.
>
> **Trainiert werden:**
> - Bewältigung Agilitygeräte,
> - Kommandos **SITZ**, **PLATZ**, **FUSS**,
> - lange Leine, „**KOMM**"-Kommando.

Wenn der erste Teilnehmer den Slalom hinter sich gebracht hat, kann der zweite folgen. Den ersten Slalom laufen ausschließlich die Hunde, während der Hundeführer bei links geführten Hunden auf der rechten Seite neben dem Slalom läuft. Anschließend wird der Hund in die Box geschickt. Dort wird er für einige Sekunden ins **SITZ** gebracht. In dieser Zeit nimmt der Hundeführer die in einer bereitstehenden Box oben liegende grüne Karte und macht sich mit dem Auftrag vertraut, den er mit seinem Hund auszuführen hat. Er legt das Kärtchen zurück (an die unterste Position in der Box), führt den Auftrag aus und setzt das Spiel an der aus dem Auftrag ersichtlichen Stelle fort. Es folgen Tunnel und Hürde und schließlich das Quadrat bestehend aus zwei Pylonen und zwei Hürdenstangen. Um dieses Quadrat läuft er außen herum,

Das Kärtchenspiel.

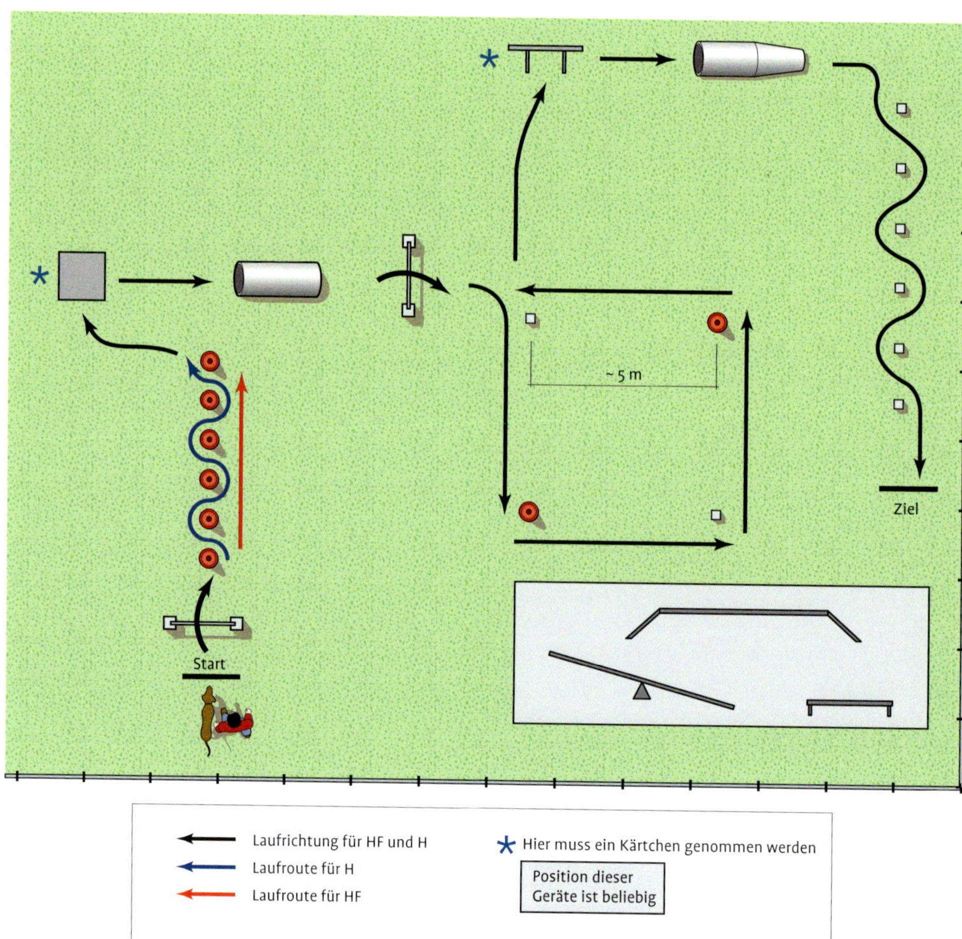

dem Uhrzeigersinn entgegen, und bringt seinen Hund an jeder Ecke ins **SITZ** (an den Hürdenstangen) und ins **PLATZ** (an den Pylonen). Es folgt der Tisch. Dort wird der Hund ins **PLATZ** gebracht. Der Hundeführer nimmt ein blaues Kärtchen aus der dort bereit stehenden Box und macht sich mit dem nun folgenden Auftrag vertraut. Er führt den Auftrag aus und legt die Karte wieder zurück unter den Stapel. Schließlich kommen noch Schlauchtunnel und ein Slalom, den Hund und Hundeführer gemeinsam durchlaufen. Derjenige Teilnehmer, der mit seinem Hund als erster das Ziel erreicht, hat gewonnen. Alle Aufträge, die auf grünen bzw. blauen Kärtchen festgehalten worden sind und in der Box bzw. auf dem Tisch entgegengenommen werden, sind in der Tabelle auf S. 86/87 aufgelistet.

Staffellauf

Es werden zwei gleiche Parcours aufgebaut (siehe unten). Aus Sicherheitsgründen sollten Start und Zielbereiche für die beiden Bereiche klar getrennt sein, um zu enge

Staffellauf

- 4 bis 12 Teilnehmer.

Regeln und Spielablauf:

- zwei Teilnehmergruppen, jeweils erster HF nimmt Leckerlibox, jeder läuft nach Startzeichen den eigenen Parcours entsprechend der Skizze,
- Ziel: H bekommt Leckerli, Leckerlibox wird als „Staffelstab" an nächstem Teilnehmer übergeben, dieser verstaut Box und läuft Parcours usw. bis alle dran waren,
- Gruppe, die zuerst fertig ist, hat gesiegt,
- mehrere Durchgänge möglich, H links bzw. rechts führen,
- Integration weiterer/anderer Agilityhindernisse möglich.

Trainiert werden:

- Bewältigung Agilityhindernisse,
- links und rechts führen der H.

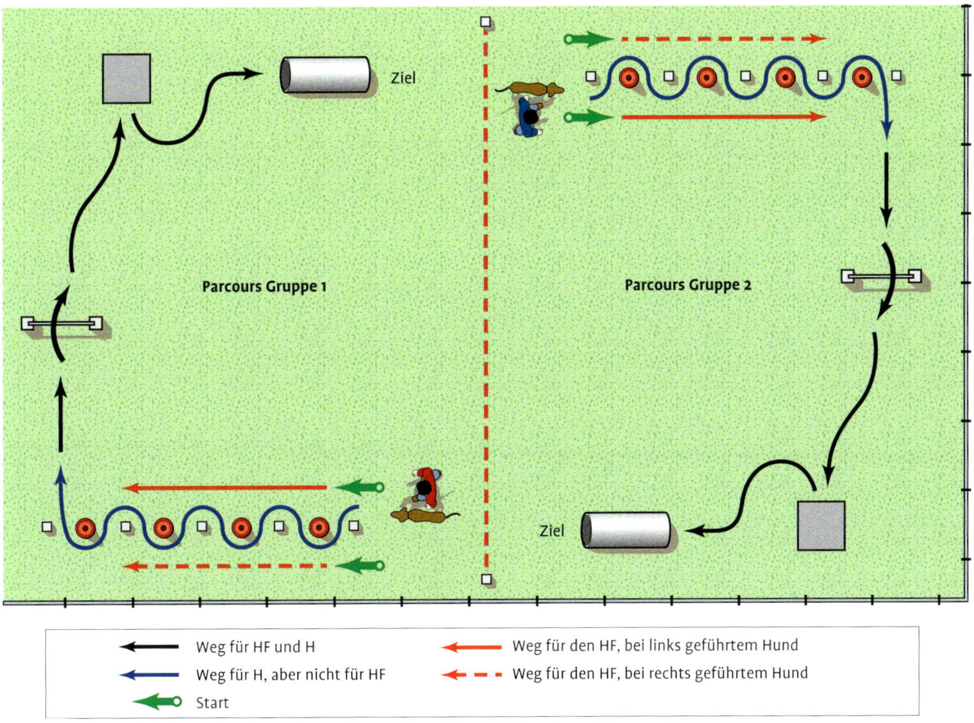

Oben: Die Leckerlistaffel wird übergeben.

Links: Staffellauf.

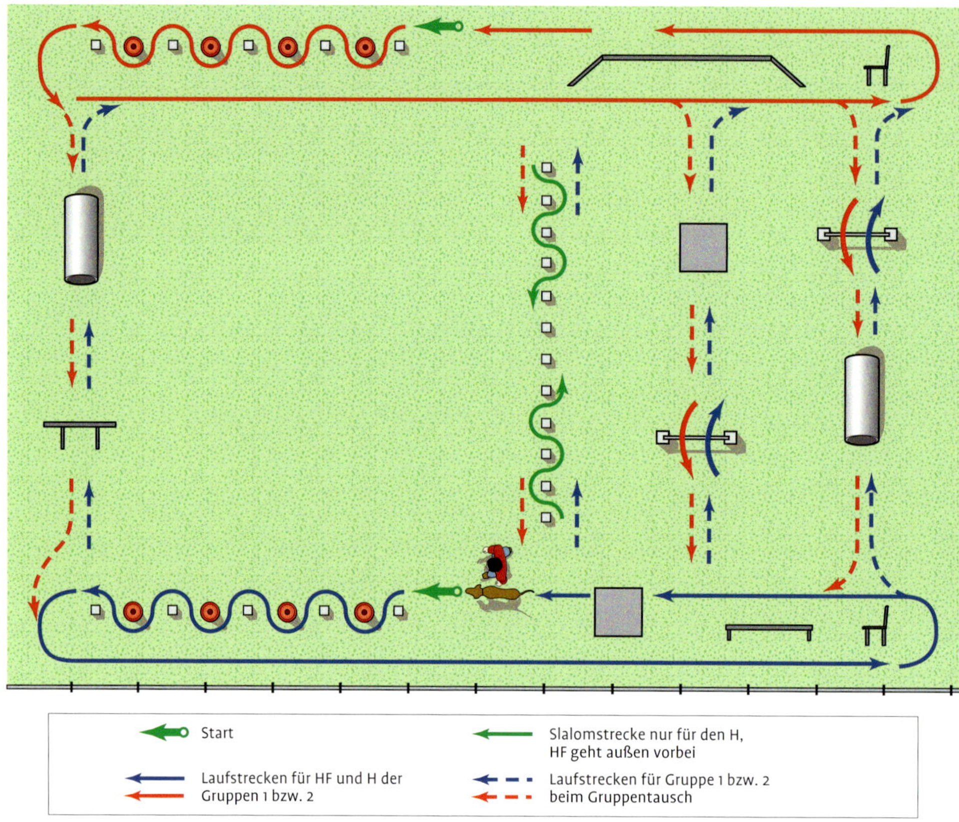

Gruppentausch.

Kontakte zwischen den Hunden zu vermeiden. Die Wettspielstimmung der Teilnehmer könnte sich auf die Hunde übertragen, was ihre „Explosionsgefahr“ steigert, also Vorsicht!

Unmittelbar nach dem Start folgt jeweils ein Slalomabschnitt, eine Hürde, eine Ruhezone (Box oder Tisch) und zum Abschluss ein Tunnel. Beide Gruppen starten zeitgleich. Der jeweils erste Starter trägt eine Leckerlibox bei sich. Nach Bewältigung des Parcours belohnt er seinen Hund und übergibt die Box dem nächsten Teilnehmer seiner Gruppe, der wiederum die Box verstaut, sodass sie ihn während des Laufes nicht behindert, und beginnt. Diejenige Gruppe, deren Teilnehmer alle den Parcours gelaufen sind, hat gewonnen.

Gruppentausch

Die Teilnehmer bilden zwei Gruppen, die jeweils an ihrer Startlinie, hintereinander Aufstellung nehmen (siehe Skizze, grüner Pfeil). Die jeweils ersten Teilnehmer beginnen mit der Slalomstrecke, indem sie gemeinsam mit ihrem Hund die einzelnen Markierungen umgehen. Sobald die fünfte Slalommarkierung erreicht ist, können die jeweils zweiten Teilnehmer starten. Alle Nachfolger lassen ihrem Vorgänger etwa 5 Slalommarkierungen Vorsprung.

Nach dem Slalomabschnitt laufen die Teilnehmer mit ihren Hunden rechts neben dem Slalomabschnitt und den anderen Agilitygeräten zum Stuhl. Der Stuhl stellt das Ende des Parcours dar. Er wird links herum umkreist und es geht über den Laufsteg bzw. über die Bank und durch die Box wieder auf den Slalomabschnitt zu.

An der Startmarkierung angekommen, wählt jeder zweite Teilnehmer von Gruppe 1

Gruppentausch

- 6 bis 12 Teilnehmer.

Regeln und Spielablauf:
- zwei gleich große Gruppen bilden,
- 2 getrennte Parcours, Verbindungen zwischen beiden durch Agilitygeräte (siehe Skizze S. 90, Gruppe 1 rote durchgehende Linie, Gruppe 2 blaue durchgehende Linie),
- einige Laufrunden zum Kennen lernen der Strecken,
- Start an Markierung (siehe grüner Pfeil), jeder 2. HF von Gruppe 1 wählt an Start HF von Gruppe 2 zum Gruppenwechsel, bestimmt Weg in Gruppe 1, er selbst wechselt in Gruppe 2, Route beliebig,
- neues Gruppe-1-Mitglied läuft mindestens eine Runde, veranlasst dann an Start wie beschrieben neuen Gruppentausch, usw.
- Spiel beendet, wenn jeder mindestens einen Gruppentausch veranlasst hat.

Trainiert werden:
- Bewältigung Agilitygeräte.

einen Teilnehmer von Gruppe 2 aus. Ihm wird die Strecke vorgeschrieben, über die er in die Gruppe 1 wechseln muss (z.B. Tisch-, Slalom-, Box-, Schlauch- oder Tunnelstrecke) Dieser Wechsel erfolgt dann, wenn der jeweilige Teilnehmer auf der entsprechenden Höhe des Weges angekommen ist. Er benutzt die entsprechende Strecke und gliedert sich in die Gruppe 1 ein. Diejenigen Teilnehmer, die den Tausch veranlasst haben, nutzen eine beliebige Strecke, um in die andere Gruppe zu kommen, sie können auch ganz außen am Feld entlanggehen ohne irgendwelche Hindernisse zu benutzen.

Die in Gruppe 1 angekommenen „Neulinge“ müssen erst eine vollständige Parcoursrunde absolvieren, bevor sie selbst wieder einen Gruppentausch veranlassen dürfen. Das Spiel ist beendet, wenn jeder Hundeführer als Gruppe-1-Mitglied einen Gruppentausch veranlasst hat.

Es gibt weder Sieger noch Verlierer. Es geht lediglich darum, die Überwindung der Agilitygeräte zu trainieren.

Das neue Gruppenmitglied kommt über den Hindernisweg.

Straßenverkehrsspiele

Straßenverkehrssituationen eignen sich gut, um die Leinenführigkeit der Hunde zu trainieren und sie immer wieder kontrolliert miteinander zu konfrontieren, das verbessert ihr Sozialverhalten.

Spiele für die Leinenführigkeit

Im Straßenverkehr muss man immer wieder anhalten, um einem anderen Teilnehmer die Vorfahrt zu gewähren. Gelegentlich kommt es zum Stau und manchmal soll der Hund mit seinem Frauchen bzw. Herrchen sogar im Zentrum eines Kreisverkehrs bleiben, während die anderen Hunde um sie herumlaufen. Da heißt es aufmerksam sein, aufpassen, sich in Geduld üben und die Nähe der anderen Teilnehmer und Hunde ertragen. Der erzieherische Wert kann noch gesteigert werden, wenn die Kommandos des Grundgehorsams integriert werden, indem z.B. das Vorfahrt gewähren im **SITZ** oder **PLATZ** erfolgt. Wenn die Teilnehmer zusätzlich noch kleine Aufträge zu erfüllen haben, dann kommt noch mehr Abwechslung ins Spiel. Ein weiterer Vorteil dieser Spiele liegt im Agility spezifischen Gehorsamstraining. Es wird nicht nur die Überwindung der Agilitygeräte geübt, sondern der notwendige Gehorsam dies nur dann zu tun, wenn der Hundeführer seinem Hund ein entsprechendes Kommando gegeben hat. Also ein spielerisches Gehorsamstraining verbunden mit Agility und Spaß.

Einmündende Straße

Für die Ausstattung des Spiels „Einmündende Straße“, das für 4 bis 16 Teilnehmer geeignet ist, sind lediglich einige Markierungen und Hürden nötig. Der Schwierigkeitsgrad des Spiels kann durch den Abstand der Markierungen und der Anzahl der Teilnehmer variiert werden. Je enger die Markierungen gestellt werden und je mehr Hundeführer teilnehmen, desto schwieriger wird es.

Wie aus der Skizze auf S. 93 zu ersehen ist, werden insgesamt acht Hürden benötigt: 2 mal 2 Hürden werden parallel zueinander aufgestellt und markieren den so genannten Mittelweg. Die anderen vier Hürden werden im Winkel zu 90 Grad zu diesen beiden ersten Hürden errichtet. Ihnen gegenüber wird zwischen zwei Hürdenstangen Absperrband gespannt. Zwischen Absperrband und den vier letztgenannten Hürden hat sich die „lange Straße“ ergeben. Lange Straße und Mittelweg sind gleichrangige Straßen. Gegenüber vom Mittelweg wird im Halbkreis eine Slalomstrecke errichtet und schließlich wird noch eine Agilitybox integriert, die in diesem Spiel als Parkplatz für einen Hund genutzt wird. Dieser „Parkplatz“ ist nur von vorn zu erreichen und zu verlassen (siehe Skizze).

Bevor das eigentliche Spiel startet, wärmt man sich am besten erst mal kurz auf. Alle Teilnehmer laufen im „Gänsemarsch“ außen um den Parcours herum. Durch Tempoänderungen und diverse Richtungswechsel wird die Leinenführigkeit trainiert. Schließlich wird der Slalomabschnitt mit integriert. Nach einigen Runden übt man noch ein paarmal die beiden Kommandos **SITZ** und **PLATZ** bevor nun das eigentliche Spiel startet.

Alle Teilnehmer starten an einer beliebigen Stelle und laufen mit ihren links geführten Hunden hintereinander entspre-

Einmündende Straße

- 4 bis 16 Teilnehmer.

Regeln und Spielablauf:

- Straßen gleichrangig, Rechts-vor-links-Regel gilt,
- Vorfahrt gewähren: H im **SITZ**,
- Lange Straße: Einbahnstraße, Überholen gestattet,
- Mittelweg in beiden Richtungen begehbar, Nutzung ist Pflicht, sobald frei in entsprechender Richtung, Überholverbot,
- Box: Parkplatz für einen H, H ins **PLATZ/BLEIB** bis 4 andere HF-H-Teams vorbei gegangen sind (Mittelweg, lange Straße oder Slalomabschnitt), erreichbar über angegebene Strichlinie, Vorfahrt beachten beim Wiedereingliedern in den Slalomabschnitt.
- Außenrunden aller Teilnehmer, Tempoänderungen, Richtungswechsel,
- Start aller Teilnehmer an beliebiger Stelle, siehe Pfeile mit geschlossener Linie: Lange Straße – Slalomabschnitt – Lange Straße,
- Parkplatz muss von jedem angelaufen werden,
- überholen und sich überholen lassen.

Minuspunkte:

- Nichtbeachten der Straßenverkehrsordnung (Vorfahrt nicht gewähren, H nicht im **SITZ**, falsches Überholen, Aufstehen des H während des „Parkens“).

Weitere Spielvarianten:

- Änderung der Laufrichtung,
- Mittelweg: Einbahnstraße
- Lange Strasse und Slalomabschnitt in beiden Richtungen nutzen,
- Zugang und Ausgang vom Parkplatz verlegen,
- **SITZ** und **STEH** auf dem Parkplatz.

Trainiert werden:

- Leinenführigkeit,
- Begegnung der Hunde,
- Kommandos **SITZ**, **PLATZ**, **STEH**, **BLEIB**.

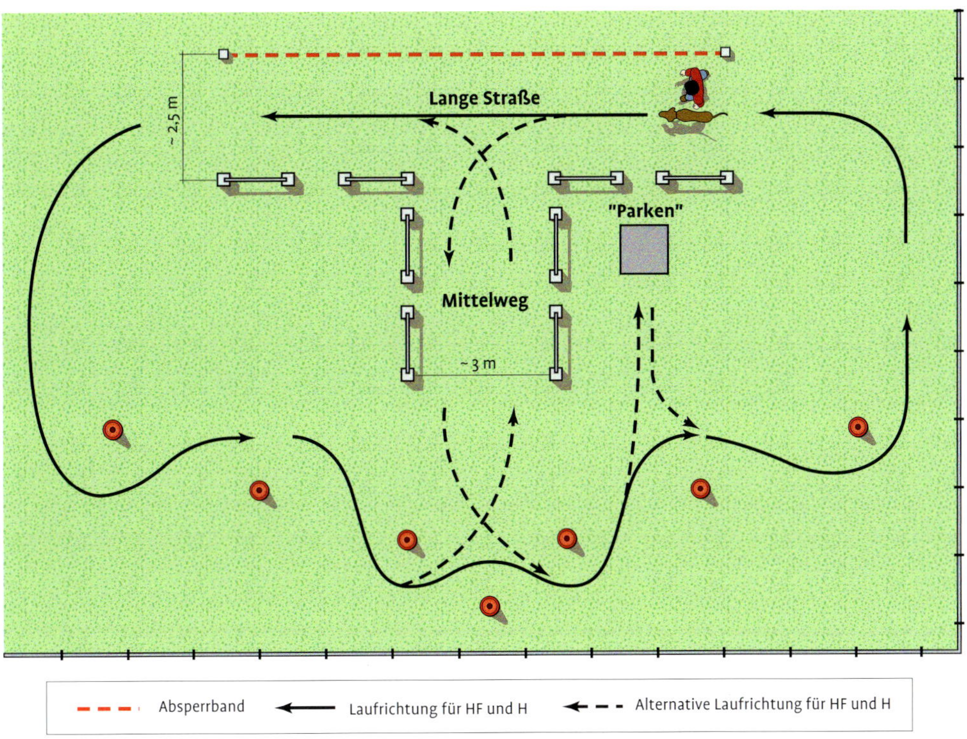

Einmündende Straße.

Wir befinden uns im Straßenverkehr und beachten die Verkehrsregeln.

chend der Pfeilrichtung der geschlossenen Linien (siehe Skizze). Die lange Straße sowie der Slalomabschnitt sind nur in einer Richtung begehbar, also gewissermaßen Einbahnstraßen. Der Mittelweg dagegen kann in beiden Richtungen genutzt werden. In der langen Straße angekommen, ist jeder Teilnehmer verpflichtet, in den Mittelweg einzubiegen, sofern dieser nicht gerade von einem anderen Teilnehmer in gleicher Richtung genutzt wird. Dasselbe gilt für die Benutzung des Mittelweges vom Slalomabschnitt aus. Der Mittelweg muss jedes Mal benutzt werden, sobald er frei ist. Die Wiedereingliederung der Mittelwegnutzer in die lange Straße bzw. in den Slalomabschnitt erfolgt wie bei gleichrangigen Straßen durch Beachtung der Rechts-vor-links-Regel. Bei Gewährung der Vorfahrt werden die wartenden Hunde ins **SITZ** gebracht.

Im Verlaufe des Spiels muss jeder Teilnehmer einen Überholvorgang bewältigen, der jedoch nicht auf dem Mittelweg erfolgen darf, denn dort herrscht Überholverbot. Es wird selbstverständlich links überholt. Ebenso muss jeder Teilnehmer einmal „Parken“, indem er gemeinsam mit seinem Hund mit dem Kommando **„BOX“** in die Box geht, dort seinen Hund mit **PLATZ** und **BLEIB** in die Ruheposition bringt und mindestens vier Teilnehmerteams an sich vorbeiziehen lässt. Das Vorbeigehen kann sowohl in beiden Richtungen sowohl auf dem Mittelweg passieren als auch auf dem Slalomabschnitt.

Für jedes Nichtbeachten der Regeln (Vorfahrt nicht gewähren, Hund nicht im **SITZ** während Vorfahrt gewährt wird, falsches Überholen, Aufstehen des Hundes während des „Parkens“) kassiert der Teilnehmer Strafpunkte, die, umgemünzt in einen kleinen Obulus, wieder der Aufbesserung der Gruppenkasse dienen können.

Das Spiel „Einmündende Straße“ ermöglicht viele Variationen, da die Verkehrsregelung modifiziert werden kann. Die Laufrichtung kann geändert werden. Der Mittelweg kann zur Einbahnstraße ernannt werden, die lange Straße und der Slalomabschnitt können in beiden Richtungen genutzt werden, der Zugang und Ausgang für die Box können verlegt werden, die Box kann auch für das Üben der Kommandos **SITZ** bzw. **STEH** genutzt werden.

Parallelstraßen

Das Spiel „Parallelstraßen“ eignet sich für 4 bis 16 Teilnehmer. Der Parcoursaufbau ist etwas aufwändiger als der für die „Einmündende Straße“, aber dafür wird das Spiel auch noch etwas abwechslungsreicher.

Es werden zwei parallel verlaufende Straßen markiert. Dazu wird jeweils eine Seite der beiden Straßen mit 4 Hürden begrenzt. Die andere Begrenzung erfolgt durch Pylonen (Straße 1) bzw. durch Hürdenstangen, die mit Absperrband verbunden wurden (Straße 2). Beide Straßen sind durch einen Verbindungsweg miteinander verbunden, der auf beiden Seiten durch Hürden begrenzt wird.

Eine dritte Straße, hier als Mittelweg bezeichnet, verläuft zwischen den beiden Parallelstraßen über zwei Hürden, die den Verbindungsweg begrenzen. Die drei parallel verlaufenden Straßen sind Einbahnstraßen, die Verbindungsstraße kann dagegen in beiden Richtungen genutzt werden. Alle Straßen sind gleichrangig und breit genug, sodass zwei Hundeführer mit ihren Hunden bequem aneinander vorbeigehen können.

Zu Beginn des Spiels laufen alle Teilnehmer zunächst entgegen dem Uhrzeigersinn über das Spielfeld und benutzen die äußeren beiden Parallelstraßen. Dabei wird der Verbindungsweg nicht mit einbezogen. Auf Zuruf des Trainers wird durch Links- oder

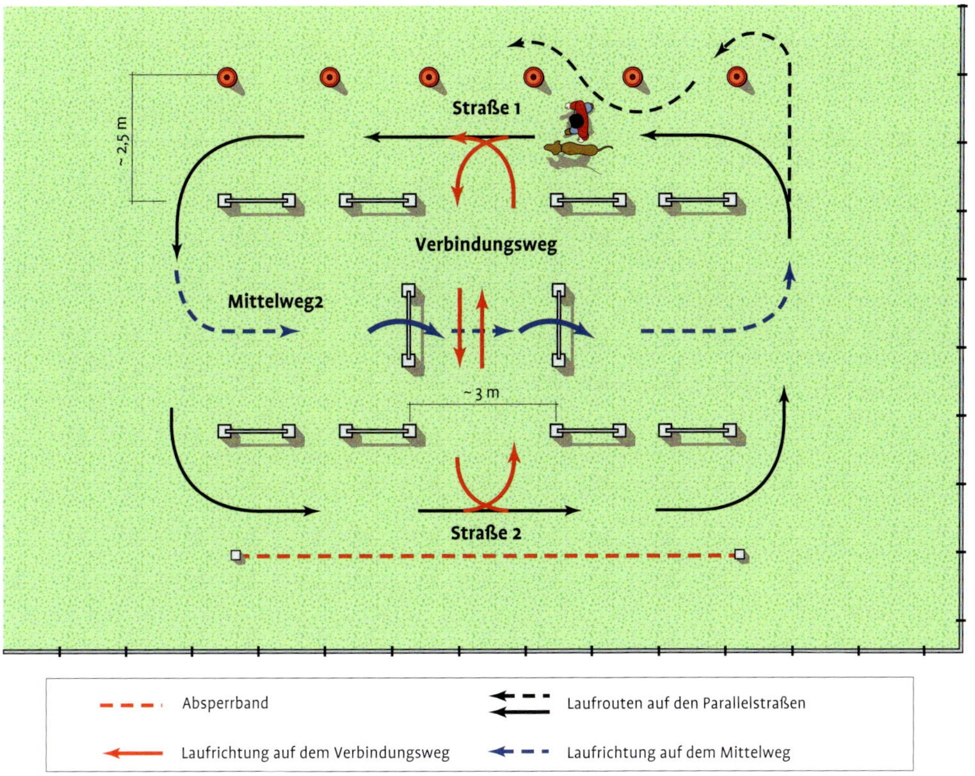

Parallelstraßen.

Parallelstraßen

- 4 bis 16 Teilnehmer.

Regeln und Spielablauf:

- alle Straßen gleichrangig, rechts vor links,
- Gewährung der Vorfahrt: H im **SITZ**,
- Parallelstraßen (Straße 1, Mittelweg und Straße 2) Einbahnstraßen,
- Verbindungsweg: beide Richtungen gestattet,
- Laufrichtung entgegen dem Uhrzeigersinn, äußere Parallelstraßen ohne Verbindungsweg,
- einige Richtungswechsel auf Kommando, mit Startrichtung abschließen,
- Verbindungsweg einbeziehen, beide Richtungen möglich, bei Wiedereingliederung Rechts-vor-links-Regel beachten,
- auf Kommando Verbindungsweg sperren und Slalomabschnitt einbeziehen (Runde 1),
- Runde 2: H ins **SITZ** an jeder zweiten Pylone,
- Runde 3: H ins **PLATZ** an jeder zweiten Pylone,
- Runde 4: H ins **STEH** an jeder zweiten Pylone,
- Laufsituation wie zu Beginn, Verbindungsweg wieder mit einbeziehen,
- Mittelweg über Hürden, H von Verbindungswegnutzer wartet vor Hürde im **SITZ**.

Minuspunkte:

- Nichtbeachten der Verkehrsregeln,
- Reißen der Hürden,
- Aufstehen ohne Kommando bei Konfrontationen,
- Benutzen (wollen) von Hürden, die nur zur Markierung dienen.

Trainiert werden:

- Leinenführigkeit,
- Begegnung/Duldung der Hunde (auch während der Hürdenbenutzung),
- Kommandos **SITZ**, **PLATZ**, **STEH**, **HÜRDE-HOPP**,
- Hürdenbenutzung.

Rechtsdrehung einige Male die Laufrichtung gewechselt. Das erhöht die Aufmerksamkeit der Hunde. Dann wird der Verbindungsweg mit einbezogen. Auf Grund der Gleichrangigkeit der Straßen gilt beim Wiedereingliedern in den Außenkreis (Straße 1 und Straße 2) immer die Rechts-vor-links-Regel. Diejenigen Teilnehmer, die dem Verbindungsweg am nächsten sind, sind verpflichtet, ihn zu nutzen, sofern er in ihrer Richtung frei ist. Versäumen sie dies, gibt es einen Strafpunkt. Teilnehmer, die den Verbindungsweg benutzen, gehen so aneinander vorbei, dass sich ihre Hunde direkt begegnen (rechte Seite, Hunde links geführt). Am Außenkreis angekommen, gliedern sie sich wieder ein und die nächsten Teilnehmer nutzen die Verbindung.

Nach einigen Laufrunden wird der Verbindungsweg vom Trainer gesperrt und anstelle von Straße 1 werden die Begrenzungspylonen als Slalomabschnitt genutzt. Bei der nächsten Runde macht der Hund rechts neben jeder zweiten Pylone **SITZ**. Bei einer weiteren Runde macht er an dieser Stelle **PLATZ** und bei der letzten Runde **STEH**. Es schließt sich wieder die einfache Nutzung der äußeren Parallelstraßen an, wobei auch der Verbindungsweg wieder mit einbezogen werden muss. Schließlich verlässt nach und nach einer der Teilnehmer den Außenkreis und nimmt den Mittelweg, der über die beiden Hürden führt. Diejenigen Hundeführer, die gerade mit ihren Hunden den Verbindungsweg zwischen den beiden Parallelstraßen beschreiten, bringen ihre Hunde vor den Hürden ins **SITZ** und warten bis die Hürden gemeistert worden sind. Dann setzen sie ihren Weg fort.

Strafpunkte gibt es ebenfalls, wenn eine der Hürden gerissen wird. Dabei spielt es keine Rolle, ob es sich um eine Markierungshürde handelt oder um die beiden Hürden, die übersprungen werden. Sieger ist derjenige Teilnehmer, der die wenigsten Strafpunkte bekommen hat.

Es sind noch etliche Alternativen des Spiels möglich, eine Möglichkeit sind z.B. Überholmanöver. Außerdem können die Einbahnstraßen gleichzeitig von zwei nebeneinander laufenden Teilnehmern genutzt werden.

Einfache Kreuzung

Für das Spiel „Einfache Kreuzung" werden Hürdenstangen mit Absperrband versehen und entsprechend der Skizze errichtet. Dadurch ergeben sich zwei kreuzende Straßen. Beide Straßen sind in beiden Richtungen begehbar. Straße 1, die in der Skizze senkrecht von oben nach unten verläuft, ist die Haupt-

Einfache Kreuzung

- 4 bis 20 Teilnehmer.

Regeln und Spielablauf:

- Straße1: Hauptstraße, Straße 2: Nebenstraße, beide Richtungen nutzbar,
- Außenkreis: Einbahnstraße, Uhrzeigersinn entgegen,
- Eingliederung in den Außenkreis: rechts vor links,
- Vorfahrt gewähren: H im **SITZ**,
- HF benutzen Außenkreis bis Startkommando, dann nächste Straße zur Kreuzung hin, ab jetzt Verpflichtung, nächste Straße zur Kreuzungsmitte nutzen, sobald bis Kreuzungsmitte frei.

Übung 1:

- Überqueren der Kreuzung nur gerade aus.

Übung 2:

- Überqueren der Kreuzung beliebig; Vorfahrt beachten auf Kreuzungsmitte: H ins **SITZ**, später auch **PLATZ** oder **STEH** möglich.

Übung 3:

- wie 1 mit Überholvorgängen.

Minuspunkte:

- Nichtbeachten der Straßenverkehrsordnung,
- H nicht im **SITZ** (**PLATZ**, **STEH**) beim Gewähren der Vorfahrt.

Trainiert werden:

- Leinenführigkeit,
- Begegnung der Hunde,
- Kommandos **SITZ**, **PLATZ**, **STEH**, **FUSS**.

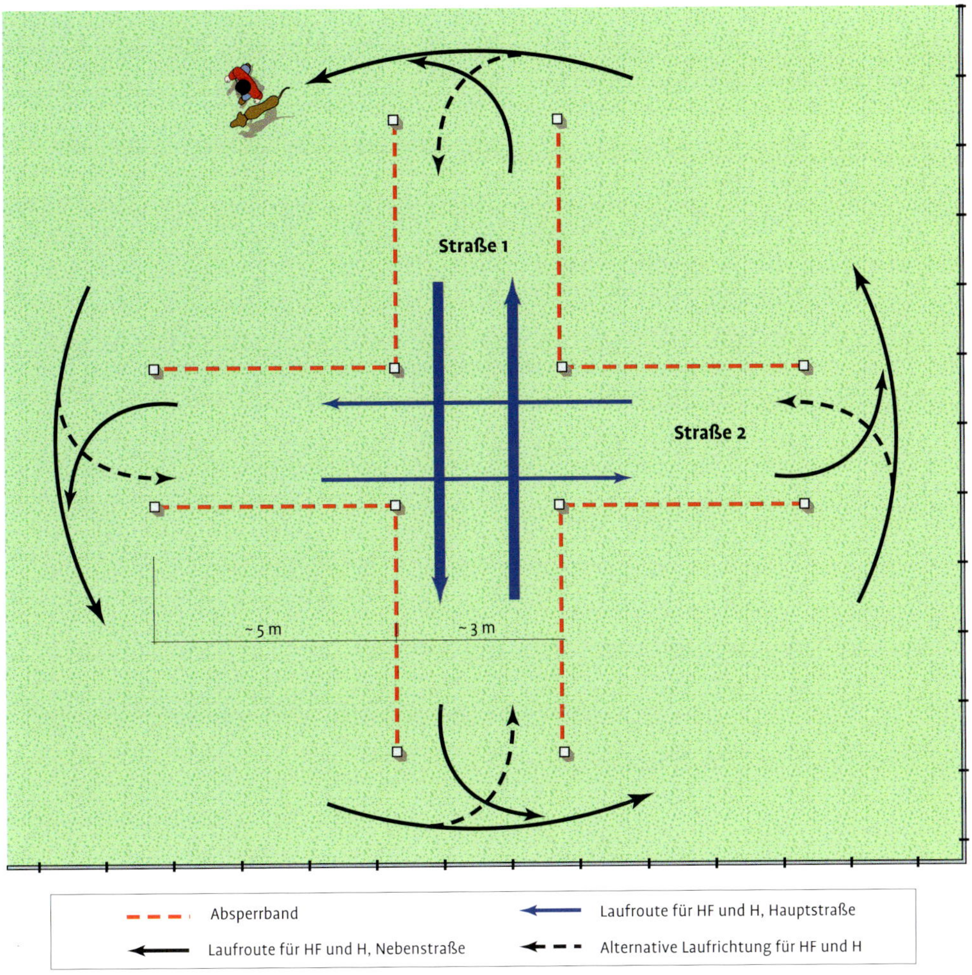

Einfache Kreuzung.

straße, Straße 2 verläuft laut Skizze von links nach rechts und ist im Spiel eine Nebenstraße. Um beide sich kreuzenden Straßen existiert ein Außenkreis, der als Einbahnstraße entgegen dem Uhrzeigersinn begangen werden darf.

Zum Spielbeginn laufen die Teilnehmer zunächst auf dem Außenkreis. Auf ein Kommando hin benutzt jeder Teilnehmer die für ihn nächste Straße zur Kreuzungsmitte hin. Die Benutzung der nächsten folgenden Straße ist immer dann ein Muss, wenn diese bis zur Kreuzungsmitte frei ist. Ist diese durch einen anderen Hundeführer besetzt, so kann der Außenkreis bis zur nächsten Straße gelaufen werden, für die dann dieselbe Regel gilt.

Teilnehmer, die die Nebenstraße benutzen, bringen ihre Hunde vor der Kreuzung

Ein Verkehr ist das heute wieder ...

Leckerli-Kreuzung

- 4 bis 16 Teilnehmer.

Regeln und Spielablauf:
- Straßen 1 und 2: Hauptstraßen, beide Richtungen möglich,
- Straße 3: Nebenstraße, Einbahnstraße von Kreuzung zum Außenkreis,
- Straße 4: Nebenstraße, Einbahnstraße vom Außenkreis zur Kreuzung,
- Außenkreis: Einbahnstraße entgegen dem Uhrzeigersinn,
- Einordnen in den Außenkreis: rechts vor links,
- Vorfahrt gewähren bei Ausfahrt aus Parkplatz und Spielplatz,
- Vorfahrt gewähren: H im **SITZ**,
- einige Orientierungsrunden zum Kennenlernen,
- Außenrunden zu Beginn,
- Aufgabe: Leckerlientnahme bei Parkplatzbenutzung, Transport zum Spielplatz, Gerätenutzung, H mit Leckerli belohnen,
- Parkplatzbenutzung: H im **PLATZ/BLEIB**, mindestens 4 Hunde gehen vorbei, ein Leckerli wird mitgenommen,
- Spielplatzbenutzung: Nutzung aller Geräte; Leckerligabe an H,
- jeder überholt und wird überholt (mindestens 1-mal).

Minuspunkte:
- Nichtbeachtung der Verkehrsregeln (falsches Überholen, Vorfahrtsfehler),
- H nicht im **SITZ** bei Gewährung der Vorfahrt,
- zu zeitiges Aufstehen in der Box,
- Hund „vergreift" sich in der Box an den Belohnungshäppchen.

Pluspunkte:
- Eine Spielplatzbenutzung.

Trainiert werden:
- Leinenführigkeit,
- Begegnung/Duldung der Hunde untereinander,
- Kommandos **SITZ**, **PLATZ**, **BLEIB**,
- Benutzung diverser Agilitygeräte,
- Verzicht auf „Selbstbedienung" für die Leckerlis.

ins **SITZ**, um den Hauptstraßenbenutzern die Vorfahrt zu gewähren. Beim Wiedereingliedern in den Außenkreis gilt die Rechts-vor-links-Regel, da die Straßen gleichrangig sind. Auch hier müssen die Hundeführer ihre Hunde ins **SITZ** bringen, wenn einem Mitspieler die Vorfahrt gewährt werden muss.

In der ersten Übung wird die Kreuzung nur geradeaus überquert. In Übung 2 muss die Richtung nicht beibehalten werden, d.h. Links- und Rechtsabbiegen sind unter Einhaltung der Straßenverkehrsregeln gestattet. In Übung 3 kann man den Schwierigkeitsgrad noch etwas erhöhen, indem Überholvorgänge integriert werden. Dabei behält man zunächst die Laufroute der Übung 1 bei, d.h. es erfolgt kein Richtungswechsel beim Überqueren der Kreuzungsmitte.

Da sich bei der Übung wieder eine Menge „falsch" machen lässt, können jede Menge Minuspunkte gesammelt werden. Geahndet wird das Nichtbeachten der Straßenverkehrsordnung, also wenn beispielsweise keine Vorfahrt gewährt wurde, wenn auf der falschen Seite überholt wurde, wenn die Hunde beim Gewähren der Vorfahrt nicht im SITZ geblieben und aufgestanden sind, oder sich auch hingelegt haben, ohne dass es das entsprechende Kommando gab.

Auch bei diesem Spiel sind weitere Variationen möglich. Die Warteposition der Hunde zum Gewähren der Vorfahrt kann in **PLATZ** oder/und **STEH** geändert werden, Änderungen der Geschwindigkeiten sind möglich und die Verkehrsführung kann verändert werden, indem beispielsweise die Hauptstraßenregelung verändert wird. In einer weiteren Übung können die Straßen paarweise begangen werden und auch Richtungsänderungen für den Außenkreis sind möglich.

Leckerli-Kreuzung

Für dieses Spiel wird der Ausbildungsplatz mit Hilfe verschiedener Markierungen, wie in der Skizze auf S. 99 gezeigt, zu einer Straßenverkehrskreuzung verwandelt, die von einem Außenkreis umgeben ist. Ein „Parkplatz" für einen Hund, gekennzeichnet durch eine Agilitybox, sowie ein „Spielplatz" mit einem Tunnel, einer Bank und einer Hürde, sind zwei für unser Spiel wichtige Stationen, die jeweils mindestens einmal von jedem Teilnehmer mit seinem Hund angelaufen werden müssen.

Von der Kreuzungsmitte gehen vier Straßen ab. Die Straßen 1 und 2 sind Hauptstraßen, die in beiden Richtungen „befahren" werden können. Die Straßen 3 und 4 sind Nebenstraßen und beide nur als Einbahnstraßen zu nutzen. Straße 3 führt zur Kreuzungsmitte hin, während Straße 3 ausschließlich in Richtung Außenkreis gelaufen werden darf. Der Außenkreis ist ebenfalls eine Einbahnstraße, die die Teilnehmer gemeinsam mit ihren links geführten Hunden entgegen dem Uhrzeigersinn laufen.

Bevor das Spiel beginnt, gestattet man allen Teilnehmern einige Orientierungsrunden ohne Punktewertung. Dabei kann sich jeder mit der Straßenverkehrssituation und den Spielregeln vertraut machen. Wenn alle eventuell dabei aufkommenden Fragen geklärt worden sind, beginnt das Spiel mit einigen Außenrunden. Auf ein Startkommando hin werden die Straßen 1, 2 und 4 in Richtung Kreuzungsmitte genutzt. Von jetzt an besteht für jeden auf dem Außenkreis laufenden Hundeführer die Pflicht, die nächste, bis zur Kreuzung freie Straße zu nehmen. Tut er dass nicht, erhält er einen Minuspunkt. Beim Wiedereinordnen in den Außenkreis gilt rechts vor links. Die Ein- und Ausfahrten von Park- und Spielplatz sind nur durch die Benutzung, der mit einer Strichlinie gekennzeichneten Wege möglich (siehe Skizze). Für den Parkplatz gilt, dass die Zufahrt nur vom Außenkreis her möglich ist, und die Ausfahrt von der gegenüber liegenden Seite des Spielplatzes zum Außenkreis zurückführt. Die Einfahrt zum Spielplatz erfolgt von Straße 4 aus, und das Verlassen des Spielplatzes ist nur über Straße 3 erlaubt.

Beim Herausgehen aus dem Parkplatz und dem Spielplatz ist anderen Teilnehmern jeweils die Vorfahrt zu gewähren. Hundeführer, die anderen die Vorfahrt gewähren müssen, bringen ihre Hunde für diese Zeit ins **SITZ**. Das Überholen ist auf allen Straßen gestattet. Jeder Teilnehmer muss während des Spiels wenigstens einmal überholen und sich einmal überholen lassen. Außerdem muss jeder Teilnehmer mit seinem Hund wenigstens einmal zum Parkplatz. Der Parkplatz ist mit dem Kommando **BOX** zu betreten, dort wird der Hund ins **PLATZ/BLEIB** gebracht. In dieser Position bleibt der Hund bis vier andere Hundeführer mit ihren Hunden an ihm vorbeigelaufen sind, was sowohl auf dem Außenkreis als auch auf den Straßen 1 und 2 geschehen kann. Dann darf der Hundeführer

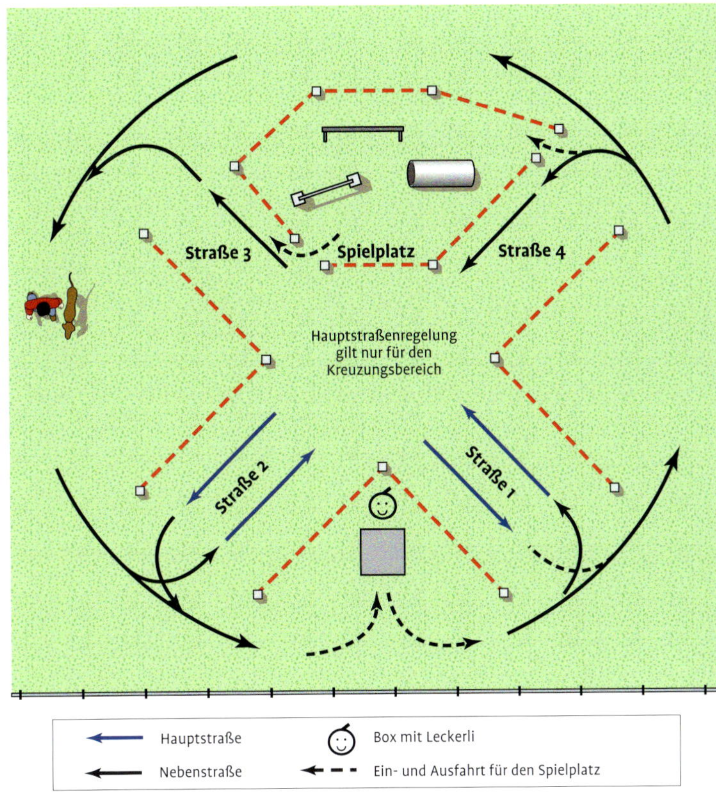

Oben: Leckerli-Kreuzung.

Links: Auf dem Parkplatz werden Leckerlis "getankt", die erst später verfüttert werden.

ein Leckerli aufnehmen und mit seinem Hund den Spielplatz ansteuern. Er verlässt den Parkplatz unter Beachtung der geltenden Verkehrsregeln und läuft auf dem Außenkreis weiter. Sollte Straße 1 bis zur Kreuzung frei sein, so ist diese zu nutzen, andernfalls kassiert er einen Minuspunkt. Ist sie nicht frei, so wird der Außenkreis genutzt. Unter Beachtung der Verkehrsregeln gelangen die beiden auf den Spielplatz. Dort werden die drei Geräte benutzt, was dem Hundeführer einen Pluspunkt und dem Hund das mitgebrachte Leckerli einbringt.

Minuspunkte gibt es für das Nichtbeachten der Verkehrsregeln (Hund nicht im **SITZ** beim Gewähren der Vorfahrt, Nichtbeachten der Vorfahrtsregeln, falsches Überholen oder Auslassen des Überholvorganges, Hund vergreift sich bereits auf dem Parkplatz an den Leckerlis, Nichtbenutzen der Straßen 1, 2 und 4, obwohl sie bis zur Kreuzungsmitte hin frei waren). Dasjenige HF-H-Team mit den wenigsten Minuspunkten hat gewonnen. Laufschritt ist aus Sicherheitsgründen nicht gestattet. Die Erhöhung der Schrittgeschwindigkeit spielt für dieses Spiel eine eher untergeordnete Rolle. Die Gefahr, durch Nichtbeachten einer Regel einen Minuspunkt zu bekommen, ist wesentlich größer, als die Chance, Pluspunkte durch die wiederholte Nutzung des Spielplatzes gewinnen zu können. Mit diesem Spiel wird die Sorgfalt trainiert. Der Hundeführer soll vor allem Wert auf die akkurate Führung seines Hundes legen, bevor er aus falschem Ehrgeiz heraus die Geschwindigkeit steigert und damit die Exaktheit der Ausführung leidet.

Das Spiel wird zunächst nicht länger als ca. 15 Minuten gespielt, dann gibt es eine Pause.

Meine Klammer – deine Klammer

Für das Spiel „Meine Klammer – deine Klammer“ wird eine einfache Kreuzung aus Hürdenstangen und Absperrband aufgebaut. Die Straßen werden als gleichrangige Einbahnstraßen genutzt, deren Laufrichtung aus der Skizze auf S. 101 ersichtlich ist. Auf dem Außenkreis bzw. den beiden nebeneinander liegenden Außenkreisen werden die Geräte paarweise nebeneinander angeordnet. Die Skizze zeigt Box und Tisch als die beiden Agility-Ruhezonen, Slalom und Laufsteg, Tunnel und Schlauchtunnel sowie Wippe und Bank. Der Außenkreis wird in beiden Richtungen genutzt. Das Wenden auf dem Außenkreis ist nicht gestattet. Teilnehmer, die dem Uhrzeigersinn entgegenlaufen, benutzen die äußerste Laufroute, während die Teilnehmer, die im Uhrzeigersinn gehen, den weiter innen liegenden Kreis außen um die Kreuzung herum verwenden.

Die Aufgabe der Teilnehmer besteht im Klammertransport von A nach B1 bzw. B2. Es werden zwei gleich große Gruppen gebildet. Jede der Gruppen hat eine spezifische Klammerfarbe, z.B. Rot für Gruppe 1 und Blau für Gruppe 2. Gruppe 1 transportiert ihre roten Klammern von der Startbox A zur Zielbox B1, Gruppe 2 hat dagegen den Auftrag, möglichst viele Klammern von A nach B2 zu transportieren. Auf jedem Transportweg darf nur eine Klammer mitgenommen werden.

Die Gerätenutzung auf dem Außenkreis ist nur zeitgleich mit einem entgegenkommenden Teilnehmer möglich. Dadurch wird sowohl die Gerätenutzung als auch die Duldung anderer Teilnehmerhunde auf relativ engem Raum trainiert.

Das Ablegen der Klammer in die Boxen B1 bzw. B2 ist erst nach Bewältigung von Tisch und Box bzw. Tunnel und Schlauchtunnel möglich. Daraus ergibt sich die Schwierigkeit, dass der kürzeste Klammertransportweg nicht der schnellste sein muss. Teamarbeit ist gefragt, wenn zwei Teilnehmer zur gleichen Zeit ein Gerät bewältigen müssen.

Nun kann das Spiel beginnen: Nach einer gewissen Zeit haben sich die möglichen Laufrouten für alle Teilnehmer eingeprägt. Möglicherweise sind alle HF nun auf die nächsten Spielversionen gespannt, die sich ganz einfach durch zusätzliche Transportvarianten realisieren lassen:

Beide Gruppen dürfen aus den Zielboxen der jeweils anderen Gruppe Klammern ent-

Bevor die Klammer in die Zielbox gelegt werden darf, müssen zwei Hindernisse von zwei entgegenkommenden Teams überwunden werden.

Meine Klammer – Deine Klammer

- 4 bis 16 Teilnehmer.

Regeln und Spielablauf:
- Straßen 1 bis 4 gleichrangige Einbahnstraßen,
- Straße 1 nach innen,
- Straßen 2 bis 4 nach außen,
- Eingliederung in den Außenkreis: immer rechts vor links,
- zwei Außenkreise in entgegengesetzter Richtung,
- Gewähren der Vorfahrt: H im **SITZ**,
- Nutzung der paarweise angeordneten Geräte zeitgleich von zwei entgegenkommenden HF, H warten im **SITZ**,
- Ablegen der Klammer in Zielbox erst nach zeitgleicher Benutzung der Geräte zweier Teilnehmer gestattet,
- zwei gleich große Gruppen; Gruppen spezifische Farben,
- Klammertransport von Box A (Straße 1) zu den Boxen B1 (Gruppe 1) bzw. Box B2 für Gruppe 2,
- nur je eine Klammer transportieren,
- Einhaltung der Verkehrsregeln auf dem Transportweg,
- Ablegen der Klammer erst nach Gerätebenutzung erlaubt.

Pluspunkte:
- eine Klammer in der Zielbox,
- siehe Spielvarianten.

Spielvarianten:
- Klammern der jeweils anderen Gruppe von der fremden Zielbox in die eigene für einen Pluspunkt.
- Klammern der jeweils anderen Gruppe von der fremden Zielbox in die Startbox zurück für zwei Pluspunkte, zwei Klammern der eigenen Farbe können mitgenommen werden.

Trainiert werden:
- Leinenführigkeit,
- Duldung der Hunde untereinander,
- Kommandos **SITZ**,
- Benutzung diverser Geräte und Hindernisse (Tisch, Box, Tunnel, Schlauchtunnel, Slalom, Wippe, Bank, Laufsteg).

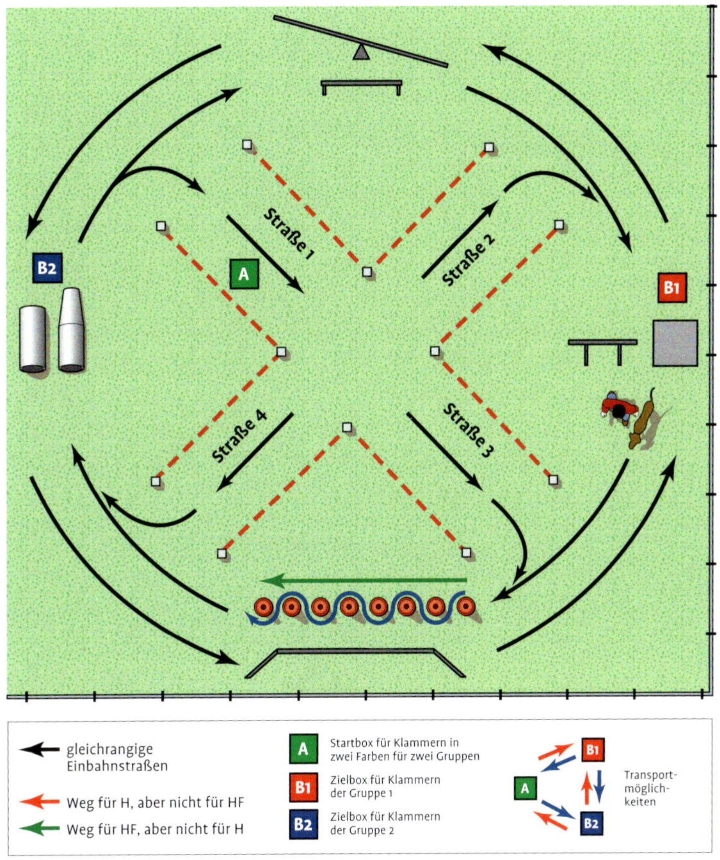

nehmen und in ihre eigene Zielbox transportieren. Klammern mit der gruppenspezifischen Farbe in der Zielbox bringen zwei Pluspunkte ein, Klammern in der Farbe der gegnerischen Mannschaft in der Zielbox bringen einen Pluspunkt ein.

Ein weiterer Transport der Klammern der gegnerischen Mannschaft ist von der Zielbox zurück zur Startbox A ist möglich. Von Vorteil ist, dass beim Ablegen der Klammer der gegnerischen Mannschaft nun ausnahmsweise zwei Klammern in der eigenen Farbe aufgenommen, transportiert und in der eigene Zielbox abgelegt werden dürfen.

Auf dem Rückweg zu Box A werden keine Geräte bzw. Hindernisse der beiden Außenkreise benutzt. Die Teilnehmer gehen einfach dazwischen hindurch.

Auf allen Transportwegen darf jeweils nur eine Klammer von einer Box zur anderen getragen werden.

Auf allen Wegen sind selbstverständlich die geltenden Verkehrsregeln einzuhalten.

Zum Gewähren der Vorfahrt werden die Hunde ins **SITZ** gebracht. Auf dem Tisch und der Box wird den Hunden das Kommando **PLATZ** gegeben.

Kleiner Kreisverkehr

Das Spiel „Kleiner Kreisverkehr" ist eine Verkehrssituation, bei der sowohl die Konfrontation als auch die Bewältigung verschiedener Agilitygeräte trainiert werden. Es wird eine sich gabelnde Straße nachgestellt, indem mit Hilfe von Hürdenstangen und Absperrband Markierungen vorgenommen werden, wie sie aus der Skizze unten ersichtlich sind. Ein Agilitytisch – eine der Ruhezonen beim Agility – wird in die Mitte gestellt. Er bildet das Zentrum des Kreisverkehrs. In der Gabel der beiden Straßen wird eine Box als Parkplatz eingerichtet. Außerdem befinden sich dort zwei Hürden, die nach der Parkplatzbenutzung übersprungen werden sollen.

Die sich gabelnden Straßen münden auf beiden Seiten in einem Außenkreis. Auf diesem Außenkreis werden diverse Hindernisse bzw. Geräte jeweils paarweise nebeneinander angeordnet. Zwei Tunnel (es können auch andere Geräte genutzt werden, wenn keine zwei Tunnel zur Verfügung stehen), zwei Hürden sowie der Laufsteg und eine Bank werden verwendet. Der Außenkreis darf in beiden Richtungen genutzt werden, ebenso wie eine der Straßen, die zum Tisch führt. Die beiden anderen Straßen sind dagegen Einbahnstraßen. Eine führt in den Kreis hinein und die andere nur heraus. Für die Parkpatzbenutzung müssen die beiden Einbahnstraßen gelaufen werden: die zum Tisch führende Straße, um auf den Parkplatz zu gelangen und die zum Außenkreis führende, um wieder heraus zu kommen. Alle Straßen sind gleichrangig.

Bei der Benutzung des Außenkreises wird jeder Hund vor einem Agilitygerät bzw. -hindernis ins Sitz gebracht. Er muss so lange warten, bis aus der entgegengesetzten Richtung ein anderer Hundeführer kommt. Beide Hunde bewältigen die Hindernisse gleichzeitig, aber natürlich jeder sein eigenes Gerät. Bei links geführten Hunden laufen diejenigen Hundeführer, die entgegen dem Uhrzeigersinn laufen, außen auf dem Außenkreis, während die innen laufenden Hundeführer

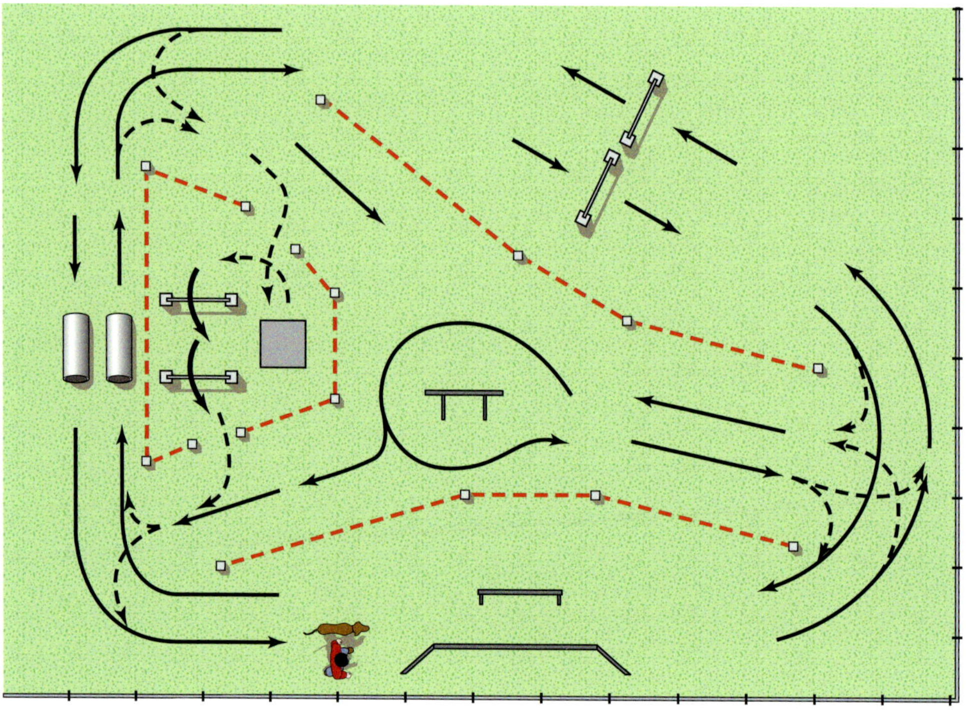

Kleiner Kreisverkehr.

Kleiner Kreisverkehr

- 4 bis 16 Teilnehmer.

Regeln und Spielablauf:
- alle Straßen gleichrangig; rechts vor links einschließlich Innenkreis,
- eine Straße beide Richtungen, zwei Straßen: Einbahnstraßen,
- Parkplatzanfahrt über Einbahnstraße,
- zwei Außenkreise, beide gegenläufige Einbahnstraßen,
- Benutzung der Gerätepaare von zwei entgegenkommenden Teilnehmern gleichzeitig,
- H warten dabei im **SITZ**,
- Überholverbot,
- Vorfahrt gewähren: H im **SITZ**,
- alle Teilnehmer Außenkreis ohne Gerätebenutzung,
- Kommando, nächste Straße zur Kreuzungsmitte nutzen,
- alle möglichen Strecken ablaufen, alle Geräte mindestens einmal nutzen,
- mindestens einmal H auf Tisch im Innenkreis, H im **PLATZ/BLEIB**, vier andere HF müssen vorbei gehen,
- mindestens eine Parkplatzbenutzung, H **PLATZ/BLEIB**, vier andere Teilnehmer müssen vorbei gehen,
- zeitgleiche Nutzung der Gerätepaare auf dem Außenkreis,
- Wartezeiten bis zweiter HF ankommt im **SITZ**.

Minuspunkte:
- Nichtbeachten der Verkehrsregeln,
- Vorschnelles Beenden der **BLEIB** Kommandos.

Trainiert werden:
- Leinenführigkeit,
- Duldung der Hunde untereinander bei gleichzeitiger Benutzung von Geräten auf relativ engem Raum,
- Konfrontation der Hunde,
- Kommando **SITZ** und Kommandos für die Benutzung der Geräte,
- Bewältigung diverser Geräte und Hindernisse (Tunnel, Bank, Laufsteg, Hürden, Box).

im Uhrzeigersinn laufen. Damit gehen bei jeder Begegnung die Hunde der beiden Hundeführer direkt aneinander vorbei.

Die Aufgabe der Mitspieler besteht darin, die Kreisverkehrssituation zu meistern, indem sie alle möglichen Laufrouten benutzen, wenigstens einmal den Parkplatz ansteuern, um den Hund dort so lange im **PLATZ/BLEIB** zu lassen, bis vier weitere Teilnehmer an ihnen vorbei gegangen sind. Die Route der vorbeilaufenden Teilnehmer spielt keine Rolle. Sie können sich sowohl auf dem Außenkreis in beide Richtungen bewegen als auch die beiden Einbahnstraßen nutzen. Eine weitere Aufgabe besteht darin, dass jeder Teilnehmerhund einmal auf dem Tisch ins **PLATZ/BLEIB** geschickt wird und dort ebenfalls wartet, bis wenigstens vier andere Teilnehmer direkt an ihm vorbei gezogen sind.

Das Gewähren der Vorfahrt erfolgt für die Hunde wie auch bei vielen anderen Spielen in sitzender Position.

Auch bei diesem Spiel können Minuspunkte vergeben werden, z.B. wenn die Straßenverkehrsregeln nicht eingehalten werden, wenn die wartenden Hunde vorschnell aufstehen, ohne dass ihr Kommando aufgehoben worden ist, usw.

Stuhl-Kreisverkehr

Das Spiel „Stuhl-Kreisverkehr“ ist eine Alternative zum kleinen Kreisverkehr mit veränderter Straßenführung und anderen Verkehrsregeln. Zwei Straßen kreuzen sich im Winkel von 90 Grad, d.h. sie stehen senkrecht zueinander und bilden eine Kreuzung. In der Mitte der Kreuzung stehen Stühle, die das Zentrum des Kreisverkehrs bilden. Auf dem Außenkreis werden diverse Geräte und Hindernisse aufgebaut, teilweise wieder nebeneinander, wie z.B. der Tisch und der Schlauchtunnel sowie die Box und der Slalom. Weiterhin werden noch ein Tunnel und eine Bank, jeweils auf den beiden entgegengesetzten Seiten aufgestellt (siehe Skizze S. 104). Der Außenkreis ist eine Einbahnstraße und darf nur entgegen dem Uhrzeigersinn begangen werden. Die vier Straßen zur Kreismitte sind dagegen in beiden Richtun-

Stuhl-Kreisverkehr.

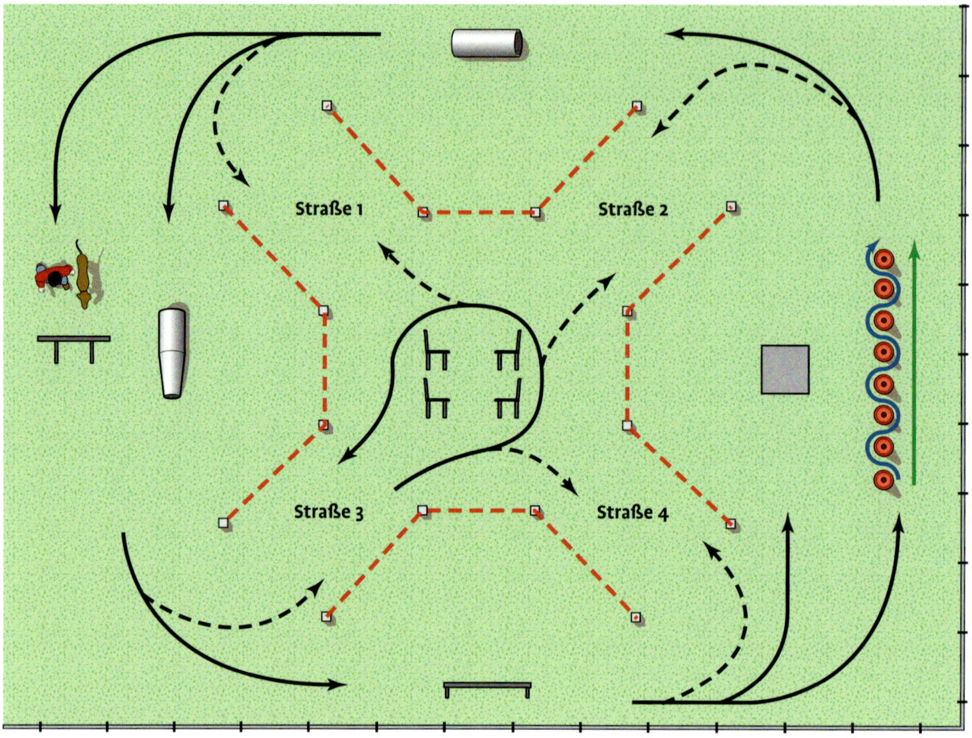

Aufmerksam und gelassen absolvieren diese beiden Hunde ihre Geräte.

gen begehbar. Alle Straßen mit Ausnahme des Innenkreises sind gleichrangig, daher gilt die Rechts-vor-links-Regel. Die Teilnehmer auf dem Innenkreis haben Vorfahrt.

Alle Teilnehmer starten auf dem Außenkreis. Auf ein Kommando hin, nimmt jeder die nächste Straße, die zur Mitte des Kreisverkehrs führt. Unter Beachtung der Verkehrsregeln läuft jeder nun alle möglichen Strecken ab, bis jeder alle Straßen und Hindernisse bzw. Geräte genutzt hat. Es ist darauf zu achten, dass jeder Teilnehmer mindestens einmal im Stuhl Platz nimmt. Zeitgleich sollten wenigstens zwei Stühle besetzt sein. Der Hund des sitzenden Hundeführers liegt neben ihm im **PLATZ**. Vier andere Teilnehmer mit ihren Hunden müssen nun vorbeiziehen, ohne dass der liegende Hund aufsteht. Tut er es dennoch, so kassiert der Hundeführer einen Minuspunkt. Die Benutzung der nebeneinander stehenden Hindernisse auf dem Außenkreis hat zeitgleich von zwei Teilnehmern zu erfolgen. Im Gegensatz zu dem Spiel „Kleiner Kreisverkehr" erfolgt jetzt die zeitgleiche Nutzung der Geräte in einer Richtung. Der erste Hund, der an einer solchen Stelle angekommen ist, hat vor dem Hindernis zu warten, bis ein zweiter Teilnehmer ankommt. Nun bewältigen beide Teilnehmerhunde die beiden Hindernisse.

Die Benutzung der Straßen vom Außenkreis zum Innenkreis ist Pflicht, sobald die Straße in Richtung Mitte frei ist. Auch für die Benutzung der Straßen in Richtung Außen-

Stuhlkreisverkehr

- 6 bis 16 Teilnehmer.

Regeln und Spielablauf:

- Innen- und Außenkreise: Einbahnstraßen,
- alle anderen Straßen beide Richtungen,
- Innenkreis Vorfahrt,
- alle anderen Straßen gleichrangig,
- Vorfahrt gewähren: H im **SITZ**,
- Pflicht-Nutzung der nächsten Straße nach innen, sofern frei in dieser Richtung,
- Straßennutzung von innen nach außen beliebig,
- Erlaubnis zur Nutzung von außen nach innen und innen nach außen, wenn Straße in entsprechender Richtung frei,
- Nutzung der Gerätepaare zeitgleich,
- alle laufen Außenkreis ohne Gerätebenutzung,
- ab Kommando nächste Straße nach innen,
- Aufgabe: Nutzung aller Straßen und Geräte,
- mindestens einmal in den Innenkreis, H im **SITZ** neben HF (zeitgleich mindestens zwei HF im Innenkreis).

Minuspunkte:

- Nichtbeachten der Verkehrsregeln,
- Nichtbefolgen bzw. Nichteinhalten der Kommandos.

Trainiert werden:

- Leinenführigkeit,
- Duldung der Hunde untereinander/Konfrontation,
- Kommando **SITZ** und Kommandos für die Bewältigung der Geräte/Hindernisse,
- Bewältigung diverser Geräte und Hindernisse (Tisch, Bank, Schlauchtunnel,

kreis gilt, dass eine Straße erst dann begangen werden darf, wenn sie in Richtung Außenkreis hin frei ist.

Mehrfaches „Umfahren" des Innenkreises ist möglich. Das Warten zum Gewähren der Vorfahrt erfolgt im **SITZ**.

Botengänge

Eines der Straßenverkehrsspiele, bei dem die Teilnehmer zusätzlich zur Bewältigung einer Verkehrssituation Aufträge zu erfüllen haben, ist das Spiel „Botengänge". Gemäß der Skizze auf S. 104 wird eine „einfache Kreuzung" mit Hilfe von Hürden- bzw. Slalomstangen und Absperrband aufgebaut. In die Mitte der Kreuzung wird ein Stuhl gestellt, sodass damit eine Kreisverkehrssituation geschaffen worden ist. Vier Straßen führen zu einem kleinen Innenkreis um einen Stuhl. Auf einer der vier Straßen wird ein Tunnel gestellt. Die vier Straßen münden in einem Außenkreis, auf dem diverse Hindernisse bzw. Geräte aufgebaut werden, wie z.B. ein Tunnel, ein Schlauchtunnel, eine Hürde, eine Box und ein Slalomabschnitt (siehe Skizze). Die Art und Anzahl der Geräte kann natürlich wieder variiert werden. Aus Sicherheitsgründen ist es wichtig, darauf zu achten, dass keines der Geräte bzw. Hindernisse vor der Einfahrt bzw. Ausfahrt einer Straße positioniert wird.

Der Außenkreis ist nur entgegen dem Uhrzeigersinn „befahrbar" bzw. begehbar. Die vier Straßen, die die Kreuzung bilden, sind ebenfalls alles Einbahnstraßen. Die Straße mit dem Tunnel darf nur nach außen hin genutzt werden. Die Richtung der drei anderen Einbahnstraßen ändert sich jeweils mit der Position der Sitzfläche des Stuhls. Einer der Teilnehmer darf auf dem Stuhl Platz nehmen. Dabei dreht er den Stuhl in die gewünschte Richtung. Entweder die Sitzfläche zeigt in Richtung der Straße 1, 2 oder 3. Diejenige Straße, zu der die Sitzfläche zeigt, darf nur zum Innenkreis hin genutzt werden, während die anderen beiden Straßen automatisch nur in Richtung Außenkreis begangen werden dürfen. Die drei Einbahnstraßen, deren Richtung sich durch die Orientierung der Sitzfläche des Stuhls ändert, sind in der Skizze mit einem Stern markiert.

Alle Straßen, der Innenkreis eingeschlossen, sind gleichrangig. Die Vorfahrt regelt sich also durch die Rechts-vor-links-Regel.

Auf den Straßen 2 und 3 steht jeweils eine Klammerbox (in der Skizze mit A bezeichnet). Diese beiden A-Boxen enthalten Wä-

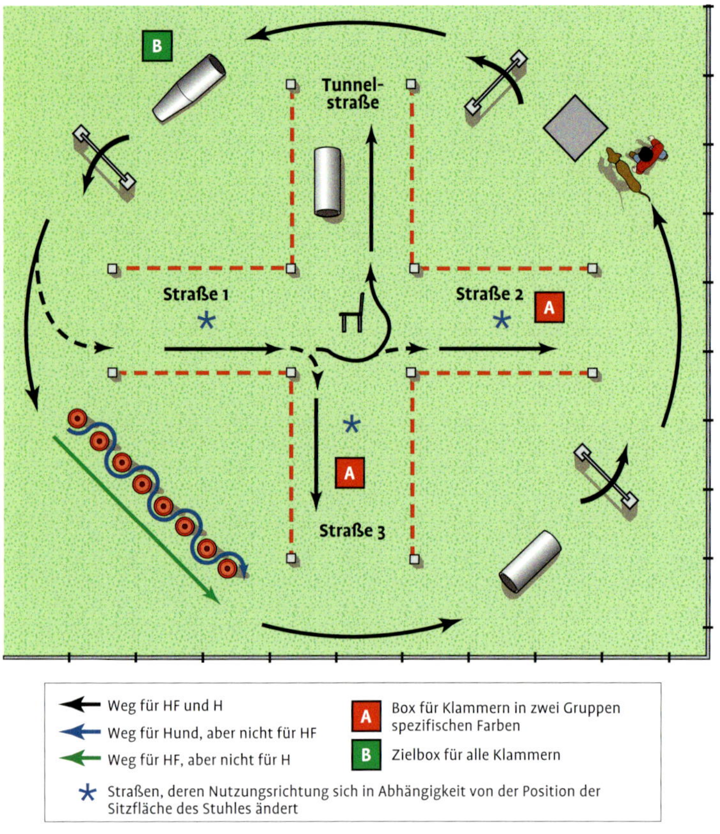

Botengänge.

scheklammern in zwei unterschiedlichen Farben, eine Farbe für je eine Gruppe. Eine weitere leere Klammerbox (in der Skizze mit B bezeichnet) wird neben dem Schlauchtunnel aufgestellt (siehe Skizze). Der Auftrag der Teilnehmer besteht darin, Klammern von A nach B zu bringen. Dabei darf nur jeweils eine Klammer in der gruppenspezifischen Farbe aus einer der beiden A-Boxen entnommen werden und unter Beachtung der Straßenverkehrsordnung zur B-Box gebracht werden. Das Entnehmen der Klammer aus einer der beiden A-Boxen darf nur dann erfolgen, wenn die entsprechenden Straßen gerade in Richtung Außenkreis begehbar sind.

Jeder der Teilnehmer muss sich einmal auf den Stuhl im Innenkreis setzen. Dabei hat er die Möglichkeit, die Richtung der Sitzfläche des Stuhles so zu verändern, dass sie in eine der drei Straßen, auf denen nicht der Tunnel liegt, zeigt. Der Hundeführer setzt sich und bringt seinen Hund neben sich ins **SITZ/BLEIB**. Diese Position behalten beide so lange bei, bis drei andere Hundeführer mit ihren Hunden auf sie zugegangen sind und sie je nach Straßennutzung mehr oder weniger umkreist haben. Dann darf der

Boten´gänge

- 4 bis 16 Teilnehmer.

Regeln und Spielablauf:

- alle Straßen gleichrangig, einschließlich Innenkreis,
- Vorfahrt gewähren: H im **SITZ**,
- alle Straßen Einbahnstraßen, Außenkreisnutzung entgegen dem Uhrzeigersinn,
- Tunnelstraße nur in Richtung Außenkreis nutzbar,
- Richtung für Straßen 1 bis 3 veränderbar, Position der Sitzfläche des Stuhls entscheidet, Sitzfläche zeigt auf die einzige Straße, die nach innen genutzt wird,
- 2 gleich große Gruppen,
- Klammertransport von zwei A-Boxen zur B-Box, Gruppen spezifische Farbe der Klammern, Verkehrsregeln beachten,
- nur jeweils eine Klammer wird transportiert,
- nacheinander nehmen HF auf Stuhl des Innenkreises platz, dabei Position des Stuhles verändern, Sitzfläche darf nicht zur Tunnelstraße zeigen! H macht **SITZ/BLEIB**; 3 Teilnehmer müssen vorbeilaufen, HF gliedert sich ein, bestimmt Nachfolger.

Minuspunkte:

- Verstöße gegen Straßenverkehrsordnung.

Pluspunkte:

- Anzahl der Klammern jeder Gruppe in Zielbox B, Gruppensieg.

Trainiert werden:

- Leinenführigkeit,
- Begegnung der Hunde,
- Kommando **SITZ** und Kommandos für die Bewältigung von Geräten und Hindernissen,
- Bewältigung diverser Geräte und Hindernisse (Tunnel, Box, Hürden, Schlauchtunnel, Slalom).

Stuhl geräumt werden. Der Hundeführer gliedert sich wieder in das laufende Spiel ein, wobei er die geltenden Einbahnstraßenregeln einhält, um zum Außenkreis zu gelangen. Er bestimmt seinen Nachfolger, der auf dem Stuhl Platz nimmt.

Das Spiel startet mit wenigen Runden auf dem Außenkreis ohne, dass dabei die Geräte genutzt werden. Auf ein Kommando des Trainers, benutzt der Teilnehmer, der der Straße, die auf die Sitzfläche des Stuhles zeigt, am nächsten ist, diese Straße und geht auf den Innenkreis zu. Alle anderen Teilnehmer nutzen den Außenkreis mit seinen Geräten. Ab sofort besteht die Verpflichtung, die Straße zur Sitzfläche des Stuhles zu nutzen, sofern nicht gerade ein anderer Teilnehmer auf dem Weg zur Kreuzungsmitte ist.

Das Spiel kann zu jeder beliebigen Zeit unterbrochen bzw. beendet werden. Entscheidend für den Sieg sind die Klammern, die erfolgreich in Box B gelandet sind. Diejenige Gruppe mit den meisten transportierten Klammern hat gewonnen. Je nach Vereinbarung vor dem Spiel, lassen sich auch Minuspunkte für das Nichtbeachten der Verkehrsregeln oder sonstige „Verstöße" sammeln. Das bleibt ganz Ihnen überlassen, wie Sie das Spiel gern gestalten möchten.

Boxkreisverkehr

Das Spiel „Boxkreisverkehr" stellt besonders hohe Anforderungen an das gegenseitige Dulden der Hunde auf relativ engem Raum. Entsprechend der Skizze auf S. 108 wird aus Hürden- bzw. Slalomstangen und Absperrband ein Kreisverkehr bestehend aus sechs Straßen errichtet, in dessen geräumiger Mitte die Agilitybox installiert wird. Acht Pylonen markieren den Innenkreis und bilden zugleich einen Slalomabschnitt um die Box herum. Der Innenkreis und der Außenkreis sind Einbahnstraßen, die beide nur entgegen dem Uhrzeigersinn begehbar sind. Alle sechs Straßen, die die beiden Kreise miteinander verbinden, sind in beiden Richtungen begehbar. Bis auf den Innenkreis sind alle Straßen gleichrangig. HF auf dem Innenkreis haben Vorfahrt.

Ein Kreisverkehr der besonderen Art ist hier zu sehen: Im Zentrum ist eine Agilitybox aufgebaut, in der die Hunde nacheinander im **PLATZ** warten, bis die anderen Teilnehmerhunde an ihnen vorbei gelaufen sind.

Zu Beginn des Spiels werden den Teilnehmern die folgenden verschiedenen Laufrouten zugeordnet:

1. Es darf nur der Außenkreis genutzt werden, bis man aufgefordert wird, zur Box zu gehen. Dafür kann jede beliebige Straße genommen werden. In der Box wird der Hund ins **PLATZ/BLEIB** gebracht. Mindestens fünf andere Hunde müssen durch mehr oder weniger vollständige Nutzung des Innenkreises an dem wartenden Hund vorbei gehen, bevor der HF eine beliebige Straße aus dem Kreis heraus nutzen kann. Anschließend nutzt er wieder nur den Außenkreis bis zur nächsten Aufforderung zur Box zu gehen usw. Er bestimmt den nächsten Teilnehmer, der zur Box gehen soll.
2. Es ist jede Straße in den Kreis hinein und wieder heraus zu nutzen.
3. Es muss jede zweite Straße in den Kreis hinein und von dort aus jede zweite wieder herausgenommen werden, auch nach der Aufforderung die Box aufzusuchen.
4. Es wird jede dritte Straße, die zum Innenkreis führt, benutzt, das gleiche gilt für die Nutzung nach außen. Das gilt auch, wenn man aufgefordert wird, zur Box zu gehen.
5. Jede beliebige Straße kann genutzt werden.

6. Es darf jede Straße in den Kreis hinein, aber nur jede vierte wieder heraus gegangen werden.
7. Jede zweite Straße in den Kreis kann benutzt werden, auch auf dem Weg zur Box. Im Kreis wird mindestens eine komplette Runde gelaufen, bevor jede beliebige Straße auswärts verwendet werden kann.
8. Jede Straße kann genutzt werden, allerdings wird auf jeder Straße der Hund einmal ins **SITZ** gebracht, bevor es weitergehen kann.
9. Benutzt wird jede Straße zum Innenkreis hin, aber nur jede vierte auswärts, auf die der Hund einmal ins **PLATZ** gebracht wird.

Sollten noch mehr Teilnehmer mitspielen wollen, so können entweder mehrere Teilnehmer dieselbe Route nutzen oder man denkt sich noch andere Aufgaben aus.

Das Zuweisen der Laufroute zum Hundeführer kann auf unterschiedliche Weise erfolgen. Es ist z.B. möglich, dass Startnummern gezogen werden und jede Startnummer mit einer Route verknüpft ist. Es ist aber auch möglich, dass man die HF-H-Teams in eine Reihenfolge bringt, indem man dafür beispielsweise die alphabetische Reihenfolge der Namen der Hunde oder der Hundeführer, die Größe der Hunde, die Farben der Hunde von hell nach dunkel usw. nutzt. Dieser Teilnehmerreihenfolge übermittelt man

Box-Kreisverkehr.

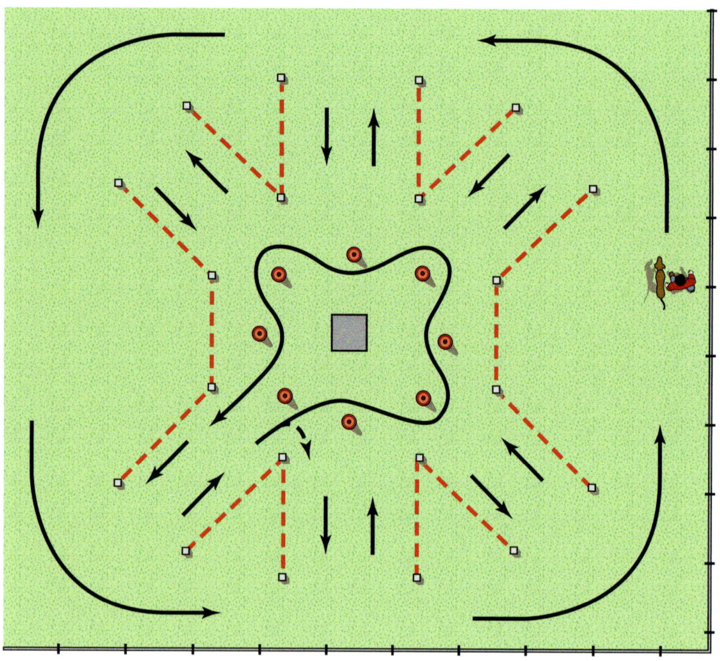

Boxkreisverkehr

- 6 bis 16 Teilnehmer.

Regeln und Spielablauf:

- Alle Straßen gleichrangig, außer Innenkreis; HF auf Innenkreis haben Vorfahrt;
- Außenkreis: Einbahnstraße, dem Uhrzeigersinn entgegen;
- Verbindungsstraßen zwischen Innen- und Außenkreis nutzbar in beiden Richtungen;
- Straßennutzung entsprechend vorgeschriebener Laufrouten für HF wie folgt (1 bis 9):

1) Starter für Box, beliebige Straße rein und wieder raus, bestimmt Nachfolger, zwei volle Innenkreise dann beliebig zum Außenkreis, dann Außenkreis bis zur erneuten Aufforderung zur Box zu gehen,
2) jede Straße rein und raus,
3) jede zweite Straße rein und raus,
4) jede dritte Straße rein und raus,
5) jede beliebige Straße,
6) jede Straße rein, jede vierte raus,
7) jede zweite Straße rein, eine komplette Innenkreisrunde, beliebig raus,
8) jede Straße rein und raus, einmal H in SITZ auf jeder Straße,
9) jede Straße rein, jede vierte raus, H ins PLATZ beim Rausgehen,

- jeder Boxnutzer bestimmt seinen Nachfolger,
- mindestens 1-mal Boxnutzung, 5 andere Teilnehmer vorbei lassen.

Minuspunkte:

- Nach Belieben.

Trainiert werden:

- Leinenführigkeit,
- Begegnung/Duldung der Hunde untereinander, Konfrontation,
- Kommandos **SITZ**, **PLATZ**, **FUSS**,
- Agilitybox.

nun die Laufrouten in der oben angegebenen Reihenfolge.

Dann kann das Spiel beginnen. Alle laufen zunächst einen Außenkreis, bevor mit einem Kommando das Startzeichen gegeben wird. Jeder Teilnehmer kann selbst für sich festlegen, welches für ihn die erste Straße ist. Im Verlaufe des Spiels sollte jeder Teilnehmer seinen Hund wenigstens einmal in die Box bringen, um mit ihm dort die Konfrontation mit den anderen Teilnehmerhunden zu üben. Das Bewegungsspiel kann zu jeder beliebigen Zeit unterbrochen werden. Je nach Wunsch können Regelverstöße mit Minuspunkten geahndet werden.

Straßensperre

Für dieses Spiel wird eine ähnliche Straßenführung verwendet, wie für den Boxkreisverkehr: Sechs Straßen, die alle zu einem Innenkreis führen. Im Zentrum des Innenkreises steht ein Stuhl oder ein anderer Gegenstand, der die Mitte kennzeichnet. Um die sechs Straßen führt ein Kreis herum. Alle Straßen sind Einbahnstraßen. Die beiden Kreise innen und außen dürfen nur dem Uhrzeigersinn entgegen gelaufen werden. Die sechs Straßen, die die beiden Kreise miteinander verbinden, werden abwechselnd entweder nur einwärts oder nur auswärts genutzt (siehe Skizze S. 110). Die Nutzer des Innenkreises haben Vorfahrt, alle anderen Straßen sind dagegen gleichrangig. Für die Wiedereingliederung in den Außenkreis gilt also rechts vor links, d.h., die auf dem Außenkreis kommenden Hundeführer haben Vorfahrt.

Der Auftrag jedes Teilnehmers besteht darin, jede der Verbindungsstraßen mindestens einmal aber höchstens zweimal zu nutzen. Die beiden Ringe innen und außen können beliebig oft gelaufen werden. Weiterhin muss jeder Teilnehmer nacheinander wenigstens zwei Straßensperren auslegen. Das geschieht durch das Querlegen einer Hürdenstange auf die entsprechende Straße. Es ist darauf zu achten, dass die Sperre für auswärts führende Straßen (also solche, die vom Innkreis her nur in Richtung Außenkreis gelaufen werden dürfen) am Innenkreis zu

Straßensperre

- 4 bis 12 Teilnehmer.

Regeln und Spielablauf:
- Innenkreis hat Vorfahrt, sonst alle Straßen gleichrangig,
- alle Straßen Einbahnstraßen, nutzbare Richtung abwechselnd nach innen und außen,
- Nutzung der Kreise: Uhrzeigersinn entgegen,
- Vorfahrt gewähren: H im **SITZ**,
- Nutzen jeder Verbindungsstraße mindestens einmal, höchstens zweimal,
- Nutzung der Ringstraßen beliebig oft möglich,
- zwei Straßensperren sind nacheinander zu errichten,
- auswärtsführende Straßen innen sperren, einwärtsführende Straßen außen sperren,
- maximal zwei gleichgerichtete Straßen dürfen gesperrt sein,
- HF, der sperrt, übt mit H **SITZ-PLATZ-SITZ-STEH-PLATZ**, dann Straßensperre entfernen,
- Sieger: HF, der zuerst jede Verbindungsstraße mindestens einmal genutzt hat, zwei Straßensperren ausgelegt und die wenigsten Minuspunkte hat.

Minuspunkte:
- Jede dritte und häufigere Nutzung einer Verbindungsstraße für erforderlichen Straßensperren,
- Verstöße gegen Straßenverkehrsordnung,
- Vorschnelles Aufstehen von H in der Box.

Trainiert werden:
- Leinenführigkeit,
- Begegnungen der Hunde, Konfrontation
- Kommandos **SITZ**, **PLATZ**, **STEH**, **FUSS**,
- Bewältigung der Agilitybox.

erfolgen haben. Einwärts führende Straßen werden dagegen direkt an der Einmündung vom Außenkreis her gesperrt. Zum Zwecke der Sperrung stehen an den „Straßeneingängen“ Pylonen, in denen eine Hürdenquerlatte steckt. Es ist darauf zu achten, dass maximal zwei gleichgerichtete Straßen gesperrt werden. Teilnehmer, die eine Sperre errichten, üben mit ihren Hunden (z.B. unmittelbar hinter der Sperre) die Kommandoreihenfolge **SITZ-PLATZ-SITZ-STEH-PLATZ** – jedes Einzelkommando soll mindestens drei Sekunden ausgeführt werden, bevor das nächste Kommando an der Reihe ist. Hat der Hund die Kommandos gut ausgeführt, bekommt er ein Leckerli, die Straßensperre

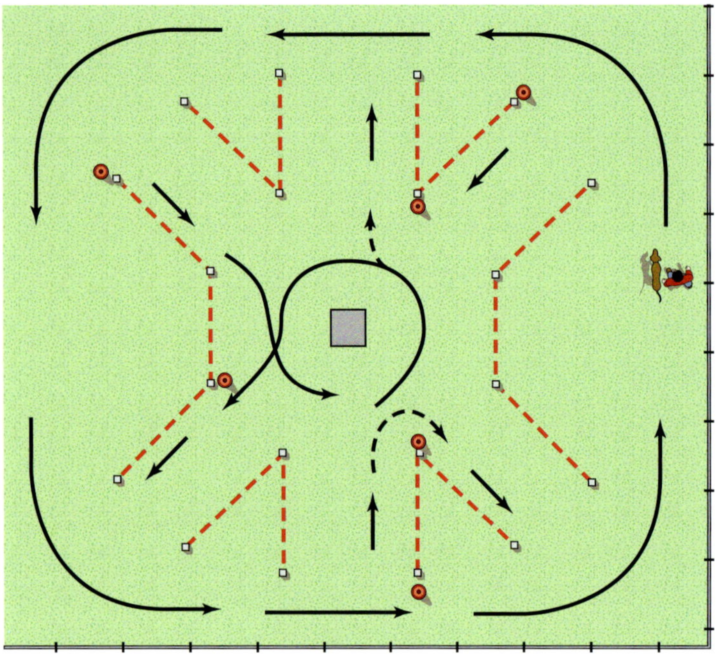

Straßensperre.

wird entfernt, indem die Querlatte wieder in die Pylone gesteckt wird, und weiter geht's.

Es wird empfohlen, zu Beginn des Spiels einen Durchgang ohne Straßensperren zu machen. Dabei können sich die Teilnehmer an die Laufrouten gewöhnen. Wenn sich die Routen etwas eingeprägt haben, ist es leichter, die zusätzlichen Aufträge der Straßensperren zu meistern.

Taxifahrten

Für dieses Spiel wird ein Parcours mit einer Kreuzung errichtet. Die Straßen sind gleichrangig. Zwei Straßen führen als Einbahnstraßen zur Kreuzungsmitte und zwei wieder heraus. In den Achsen der Straßen, die im Winkel von 90 Grad zueinander stehen (siehe Skizze S. 111), ergeben sich durch die Straßenmarkierungen Areale, die an zwei Seiten bereits abgegrenzt sind. Sie werden entweder als Spielplätze mit verschiedenen Geräten ausgestattet oder sind eine Gaststätte mit einer Hundebar und Sitzplätzen für die Hundeführer. Ein weiteres Areal wird als Taxistand genutzt. Und schließlich steht noch ein Picknickplatz zur Verfügung, auf dem mit der 10-Meter-Leine geübt werden soll.

Die Teilnehmer bilden zwei Gruppen, die etwas kleinere Gruppe 1 sind die Taxifahrer und die etwas größere Gruppe 2 die Passagiere. Zu Beginn des Spiels gehen alle „Taxifahrer" zum Taxistand und warten dort auf ihren Einsatz. Dabei dürfen die Hunde eine ihnen angenehme Position einnehmen. Die Teilnehmer der zweiten Gruppe verteilen sich auf die beiden Spielplätze, die Gaststätte oder machen Picknick. Ihre Aufgabe besteht darin, sich mit Hilfe eines Taxis an die verschiedenen Orten bringen zu lassen. Sie rufen nach einem Taxi. Das nächste Taxi, das an der Reihe ist, kommt unter Einhaltung der geltenden Straßenverkehrsregeln zu der Stelle, von der es gerufen worden ist. Passant und „Taxifahrer" laufen nebeneinander zu dem Ziel des Passanten. Dort angekommen, wird der Passant entlassen, und das Taxi „fährt" wieder zurück zum Taxistand, um auf seinen nächsten Einsatz zu warten.

Die Passagiere nutzen auf den beiden Spielplätzen alle Geräte. Maximal vier Hundeführer können gemeinsam mit ihren Hunden einen Spielplatz gleichzeitig nutzen. In der Gaststätte darf der Hund trinken. Es wird mit ihm gespielt und der Hundeführer nimmt für einen Augenblick auf einem der Stühle Platz. Sollten beide Stühle besetzt sein, so darf der Hund trinken und spielen, bevor der Hundeführer die Gaststätte mit einem Taxi wieder verlässt. Er muss die Gaststätte noch einmal aufsuchen, um auch selbst Platz nehmen zu können. Dann darf der Hund natürlich noch einmal trinken und spielen. Je nach der Anzahl der beteiligten Teilnehmer können bis zu vier Hundeführer gleichzeitig in der Gaststätte sein.

Auf dem Picknickplatz wird mit der langen Leine das Kommando **HIER** (oder ein entsprechendes Kommando, was das Herankommen des Hundes veranlasst) geübt. Der Hund darf sich zunächst an der langen Leine vom Hundeführer entfernen und wird dann mit dem Kommando **HIER** heran gerufen. Er bleibt eine Weile beim Hundeführer, der ihm dann aber wieder erlaubt, sich zu entfernen. Das Kommando wird insgesamt dreimal geübt. Jedes brave Befolgen des Kommandos wird ausführlich gelobt. In Abhängigkeit von der Größe des Platzes oder sonstigen Gege-

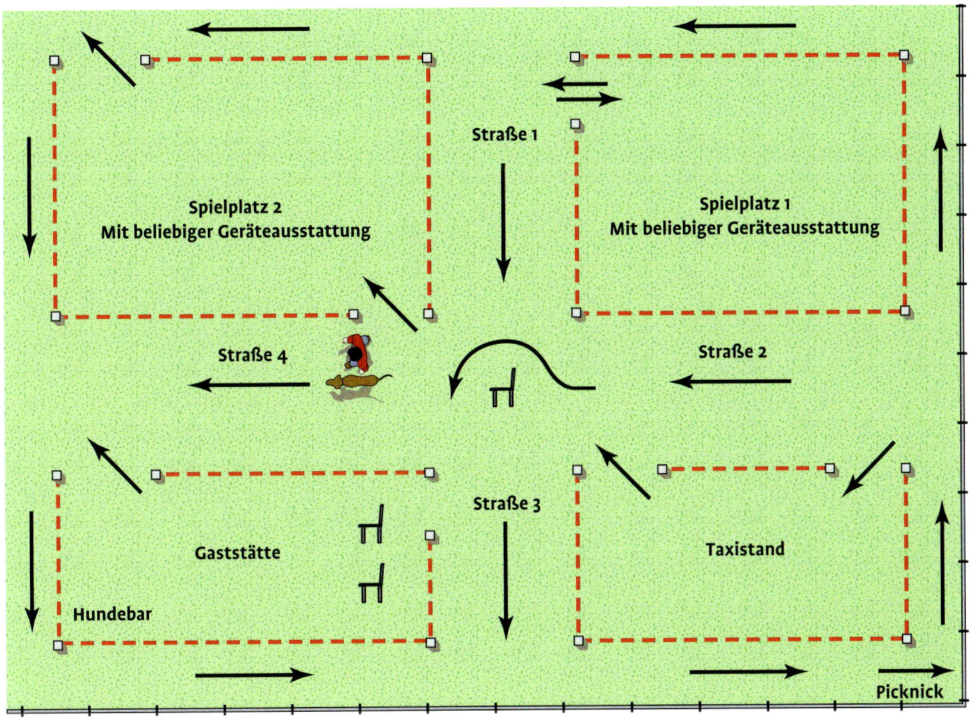

Taxifahrten.

benheiten können ein oder zwei Hundeführer gleichzeitig mit der langen Leine üben.

Das Spiel „Taxifahrten" kann zu jeder Zeit unterbrochen werden. Es empfiehlt sich die Gruppe der Taxifahrer ab und zu auszuwechseln, sodass auch sie eine Zeitlang den Passagier spielen können. Man kann auch ein Punktesystem für die Bestimmung eines Siegers/Verlierers einführen.

Unsere Taxifahrer warten auf ihren Einsatz.

Taxifahrten

- 4 bis 16 Teilnehmer.

Regeln und Spielablauf:

- Vier gleichrangige Straßen bilden Kreuzung, Innenkreis hat Vorfahrt,
- alle Straßen Einbahnstraßen, Straße 1 und 2 nach innen, Straße 3 und 4 nach außen,
- Zufahrten zu Taxistand, Gaststätte, Spielplatz 2: Einbahnstraßen,
- Zufahrten zu Spielplatz 1 und Picknickplatz: beide Richtungen,
- Gruppe Taxifahrer: Transport/Begleitung der anderen HF (Passagiere) von Station zu Station,
- Gruppe Passagiere:
- Nutzung aller Stationen (2 Spielplätze: Nutzung aller Geräte, Gaststätte H trinkt und spielt, HF ruht sich aus, Picknickplatz: Lange-Leine-Übung, 3-mal **HIER**),
- Anlaufen der Stationen nur per Taxi (in Begleitung des Taxi-HF),
- Straßenverkehrsordnung befolgen.

Trainiert werden:

- Leinenführigkeit,
- Begegnungen der Hunde,
- geduldiges Warten,
- Kommandos für Grundgehorsam und Gerätebewältigung,
- **HIER**-Übung an der langen Leine,
- Bewältigung diverser Geräte und Hindernisse je nach Auswahl.

Die zwei- und vierbeinigen Hauptdarsteller in diesem Buch

Hier werden die Hauptakteure vorgestellt, die das Entstehen dieses Buches ermöglicht haben. Schließlich waren sie es, die die hier beschriebenen Übungen und Spiele probiert haben. Mit großem Engagement haben alle an der Verbesserung der Spielregeln mitgearbeitet und geduldig jede „Fotografierflut" über sich ergehen lassen.

Wir trafen uns jeden Samstag auf einem Ausbildungsplatz der Hundeschule-Royke (www.hundeschule-royke.de) in Groß Börnecke in Sachsen-Anhalt.

Das Team

Dr. Carina Girnth und ihre Golden Retrieverhündin Tina. Tina ist eher der gemütliche und vorsichtige Typ. Man muss nichts überstürzen: Vorsicht ist schließlich besser als Nachsicht.

Marlis Rokohl und ihre Labrador Retrieverhündin Gina. Gina ist ein Energiebündel mit Naturtalent. Für sie ist kein Sprung zu hoch und kein Tunnel lang genug.

Renate Kirste und ihr Golden Retrieverrüde Volko. Der stattliche Volko hat sich super schnell eingelebt und besteht auf seinem Samstagsspaß.

Anne Sund und ihr Bearded Collierüde Napoleon. Unser struppeliger Feldherr Napoleon weiß, was er will. Seine Ideen stoßen nicht immer auf Frauchens Gegenliebe, sodass ab und zu Überzeugungsarbeit geleistet wird.

Britta Korte und ihr Schnauzerrüde Napoleon. Napoleon ist ein Leckerlimuffel. Nichts ist für ihn bedeutungsvoller als ein Lob aus Frauchens Mund.

Frank Rosenmeier und sein Golden Retrieverrüde Angelo. Angelo bringt auch manchmal sein Frauchen mit und übt am liebsten mit der ganzen Familie. Schließlich wird man da auch gleich zweimal gelobt, wenn's klappt.

Reiner Graumann und seine Golden Retrieverhündin Sarah. Sarah liest ihrem Herrchen jeden Wunsch von den Augen ab und hat den Ehrgeiz eines Champions entwickelt.

Marion Kunze und ihr Podencomischling Teddy. Teddy, der elegante Spanier, ist im Begriff, seine Jagdleidenschaft gegen den Spielspaß auf dem Hundeplatz einzutauschen.

Dr. Irene Kunze und ihr Schnauzermischling Erwin. Erwin ist ein kommentierfreudiges Temperamentsbündel. Er kann die Samstage kaum abwarten, um endlich wieder „richtig arbeiten“ zu können.

Erhard Royke – hier mit Podencomischling Teddy – betreibt eine Hundeschule und ermöglichte den Hundesportspaß. Er sorgte stets für die ungeknurrte Sicherheit auf dem Platz.

FUN-O-GIL

Die hier beschriebenen Übungen und Spiele garantieren uns ein abwechslungsreiches Training, dass sowohl unseren vierbeinigen Schützlingen als auch uns Zweibeinern viel Spaß macht. Die vielfältig veränderbaren Übungs- und Spielsituationen begeistern nicht nur alle Beteiligten, sondern fordern und fördern auch die konzentrierte Teamarbeit zwischen uns Menschen und unseren Hunden. Die Aufmerksamkeit unserer Hunde wird geschult, was zur Verbesserung ihres Grundgehorsams führt. Die Überwindung bzw. Bewältigung verschiedener Geräte wirkt sich positiv auf den Teamgeist aus und schult die Geschicklichkeit unserer Hunde. Sie sind körperlich und zugleich auch geistig „bei der Sache". Und das Arbeiten in der Gruppe verbessert das Sozialverhalten unserer Vierbeiner.

Wir haben unserem Hundesport auch einen Namen gegeben: **FUN-O-GIL**. **FUN-O-GIL** setzt sich aus drei englischen Wortteilen zusammen. **FUN** bedeutet Spaß, denn die Erziehung der Hunde und die Beschäftigung mit den Hunden macht uns Spaß. „**O**" steht für **O**bedience und bedeutet Gehorsam, zudem wir unsere Vierbeiner erziehen wollen, und „**GIL**" stammt aus dem Wort A**gil**ity, also Behändigkeit, die wir schulen möchten. Insgesamt also eine gesunde Mischung für eine ausgewogene Freizeitbeschäftigung.

Herzlichen Dank

Wir möchten uns ganz herzlich bei all denen bedanken, die uns bei der Durchführung unseres Sportes geholfen und bei der Herausgabe dieses Buches unterstützt haben.

Einige Geräte sowie ihre „Behausung" sind durch das dankenswerte Engagement von Erhard Stichowsky, Rudolf Krebs, Reiner Graumann, Matthias Kunze, Christian Olszak und Franz Schober, im Eigenbau entstanden bzw. in mühevoller Detailarbeit repariert worden.

Unser Dank gilt ebenfalls der gesamten Fotografenschar, insbesondere Matthias Rokohl, der besonders eifrig bemüht war, uns in jeder Situation und Pose für die Nachwelt festzuhalten.

Wir bedanken uns ebenfalls bei Dr. Carina Girnth für ihre Beteiligung beim Korrekturlesen unseres Manuskriptes.

Wir sind auch dem Verlag Eugen Ulmer für die Herausgabe dieses Buches zu Dank verpflichtet. Insbesondere danken wir den Hundebuchlektorinnen Frau Dr. Eva-Maria Goetz und Frau Silke Behling vom Ulmer Verlag für die angenehme und erfolgreiche Zusammenarbeit.

Verzeichnisse

Zum Weiterlesen

Coren, Stanley: Die Geheimnisse der Hundesprache. Kosmos Verlag, Stuttgart 2002.
Del Amo, Celina: Hundeschule – Step-by-Step. Verlag Eugen Ulmer, Stuttgart 2003.
Del Amo, Celina: Spielschule für Hunde. Verlag Eugen Ulmer, Stuttgart 2005.
Hertrich, Hans-Günter: Hundespaß Agility. Kosmos Verlag, Stuttgart 2003.
Hobday, Ruth: Agility... macht Spaß. Kynos Verlag, Mürlenbach/Eifel 1999.
Lau, Brigitte: Obedience. Oertel u. Spörer Verlag, Reutlingen 2001.
Lau, Brigitte: Agility. Das Handbuch für das erfolgreiche Turnier. Cadmos Verlag, Lüneburg 2004.
Ochsenbein, Urs: ABC für Hundebesitzer und solche, die es werden wollen. Müller Rüschlikon Verlag, Stuttgart 2003.
Spiegel, Manfred: Agility – Fun with Games. Cadmos Verlag, Lüneburg 2002.

Bildquellen

Angela Alfs: 48, 54, 55.
Juniors Tierbildarchiv: 2, 5.
Dieter Kothe: 9, 12, 16, 18, 21, 22, 27, 35, 51, 54.
Irene Kunze: 6, 12 (2), 13 (3), 14, 21 (2), 24, 25, 29, 36, 42, 43 (6), 44 (2), 45, 77, 89, 100, 113 (2).
Marion Kunze: 13, 25, 30, 91.
Stephanie Pruß: 24, 99.
Viola Pruß: 45.
Matthias Rokohl: 10, 11, 23 (2), 37, 38, 50, 57, 59, 75, 88, 111, 112 (3), 113 (2).
Uschi Rosenmeier: 82, 84 (2).
Erhard Royke: 2, 3, 15, 20, 34, 39, 41, 42 (6), 43 (3), 61, 64, 69, 71, 97, 104, 107, 113 (2).
Ramona Wagner: 10, 93.
Bildagentur Waldhäusl, Arco Digital Images/ Sohn J. & C.: 4. Waldhäusl, Imagebroker/ Krause-Wieczorek: 1, 17.

Haftung

Die in diesem Buch enthaltenen Empfehlungen und Angaben sind von den Autoren mit großer Sorgfalt zusammengestellt und geprüft worden.

Der Tierhalter sollte jedoch bedenken, dass er in eigener Verantwortung handelt. Die Autoren und der Verlag übernehmen keinerlei Haftung für Schäden und Unfälle.

Impressum

Bibliografische Information der Deutschen Bibliothek
Die Deutsche Bibliothek verzeichnet diese Publikation in der Deutschen Nationalbibliografie; detaillierte bibliografische Daten sind im Internet über http://dnb.ddb.de abrufbar.

Wollgrasweg 41, 70599 Stuttgart
(Hohenheim)
E-Mail: info@ulmer.de
Internet: www.ulmer.de
Umschlaggestaltung: Atelier Reichert, Stuttgart
Lektorat: Silke Behling
Herstellung, Layout und DTP: Ulla Stammel
Reproduktion: Typomedia, Ostfildern
Druck und Bindung: aprinta, Wemding
Printed in Germany

ISBN-13: 978-3-8001-5144-8
ISBN-10: 3-8001-5144-8

Register